메타버스에서의 수학적 경험

메타버스에서의 수학적경험

초판발행 2022년 12월 15일

저 자 최경식 지음
펴 낸 곳 지오북스
물 류 경기도 파주시 상골길 339 (맥금동 557-24) 고려출판물류 內 지오북스
등 록 2016년 3월 7일 제395-2016-000014호
전 화 02)381-0706 | 팩스 02)371-0706
이 메 일 emotion-books@naver.com
홈페이지 www.geobooks.co.kr
정 가 14,000원
ISBN 979-11-91346-51-0

이 책은 저작권법으로 보호받는 저작물입니다.
이 책의 내용을 전부 또는 일부를 무단으로 전재하거나 복제힐 수 없습니다.
파본이나 잘못된 책은 바꿔드립니다.

메타버스에서의 수학적 경험

목 차

머리말

01	메타버스와 수학 학습	7
02	2차원 메타버스와 수학	21
03	증강현실과 수학	33
04	3차원 메타버스와 수학	46
05	메타버스에서의 지도법	54
06	메타버스와 입체	60
07	메타버스와 이차곡선	66
08	메타버스와 미적분	70
09	메타버스와 물리 가상 실험	77
10	메타버스와 화학 모델링	83

메타버스에서의
수학적 경험

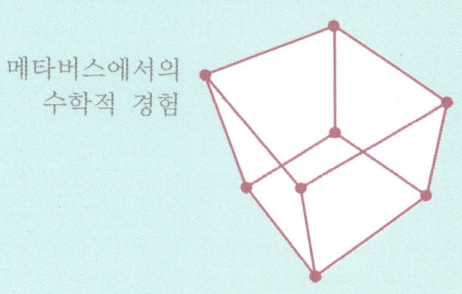

11	메타버스와 태양계 모델링	91
12	메타버스와 블록 코딩	98
13	메타버스와 디지털 교과서	104

맺음말

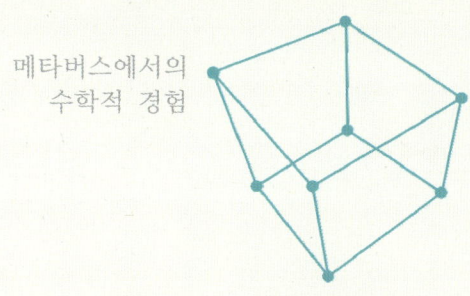

메타버스에서의
수학적 경험

머리말

최근 메타버스(Metaverse)라는 용어가 사회적으로 급격하게 퍼져가고 있습니다. 이 파급의 물결은 교육 현장에 급속히 밀려들었습니다. 교육부 자료에 따르면 2020년과 2021년에 메타버스는 전국의 많은 대학과 중·고등학교에서 학생 참여 활동으로 빈번하게 활용되었습니다.

수학 교육의 측면에서도 메타버스를 활용한 여러 시도가 있었습니다. 그러나 아직까지 교육 현장에서는 메타버스를 활용한 수학 교육에 대하여 여전히 혼란이 있습니다. 그래서 메타버스를 수학 교육적으로 어떻게 활용하는 것이 적절한지에 대하여 다양한 의견이 존재합니다.

이 책은 메타버스에서 어떠한 경험으로 학생들에게 도움을 줄 수 있는가에 대하여 제시하고자 집필되었습니다. 구체적으로 메타버스에서의 수학적 모델링 활동이 학생들에게 수학을 경험하는 방법이라는 것을 제시하고 그에 대한 다양한 사례를 소개하고자 하였습니다.

메타버스에서의 수학적 경험에 관한 고민과 연구는 아직 시작 단계이기에 부족한 점이 많이 있습니다. 그러나 이 책이 앞으로 도래하는 시대의 수학 교육에 조금이나마 이바지하기를 기대합니다.

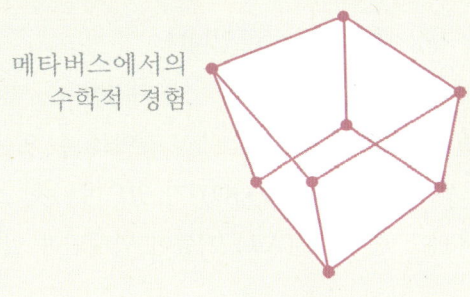

메타버스에서의
수학적 경험

01
메타버스와 수학 학습

메타버스

최근 메타버스(Metaverse)라는 용어가 유행하고 있습니다. "메타버스"라는 단어는 "초월"이라는 의미의 메타(Meta)와 "우주"라는 의미인 유니버스(Universe)의 합성어입니다. 즉, 메타버스(Metaverse)는 "현실을 초월하여 구성된 가상의 세계"를 의미합니다.

우리 주변에서 볼 수 있는 다양한 게임이나 증강현실, 가상공간(Virtual Space)[1]은 모두 메타버스라고 볼 수 있습니다. 또한 현실을 넘어선 가상적 공간과 관련된 어떤 것이라도 메타버스라고 간주할 수 있습니다.

메타버스의 종류는 매우 다양하지만 크게 몇 가지 유형으로 분류할 수 있습니다. 일반적으로 메타버스의 대표적인 유형은 증강현실, 라이프로깅, 거울세

---

[1] 이 부분을 가상현실(Virtual Reality)라고 설명하는 경우도 있으나, 이 책에서는 가상공간(Virtual Space)라는 용어를 사용하였습니다. 이는 최근 메타버스 가운데에는 사용자에게 가상공간을 제공하지만 현실성 제공이 약화된 게더타운(Gathertown), Zep과 같은 메타버스가 존재하기 때문입니다.

계, 가상세계의 네 종류입니다.

증강현실은 현실 속 공간에 디지털로 구현한 정보나 물체를 입혀 보여주는 것으로 최근에는 여러 앱에서 찾아볼 수 있는 기능입니다. 대표적인 사례로는 "포켓몬 고(Pokémon GO)"가 있으며 수학 소프트웨어인 지오지브라(GeoGebra)[2])에도 증강현실(AR) 기능이 탑재되어 있습니다.

대표적인 증강현실 메타버스인 포켓몬 고(Pokémon GO)

라이프로깅은 현실 속 정보를 디지털로 기록 및 공유하는 메타버스로 다양한 SNS가 그 사례가 됩니다. 인스타그램(Instagram), 유튜브(Youtube), 페이스북(Facebook) 등이 대표적입니다.

거울세계는 실제 세계의 정보를 통합하여 확장시킨 메타버스입니다. 대표적인 사례로는 지도 및 관련된 정보를 종합적으로 보여주는 구글 어스(Google Earth)가 있습니다.

---

2) https://www.geogebra.org

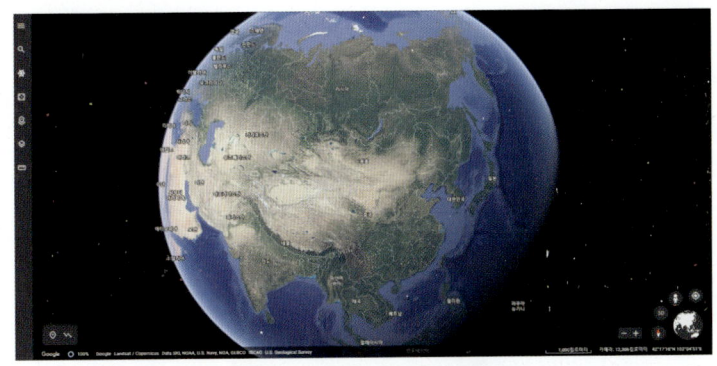

거울세계의 대표적 메타버스인 구글 어스

가상공간은 특정한 현실 속에 존재하는 것과 같은 경험을 제공하는 메타버스입니다. 대표적으로는 마인크래프트(Minecraft), 로블록스(Roblox), 제페토(Zepeto), 게더타운(Gathertown), Zep 등이 있습니다. 또한 교육용 가상공간 플랫폼으로는 코스페이시스 에듀(Cospaces Edu)가 있습니다. 다음 표는 메타버스의 종류와 정의, 사례를 보여줍니다.

구분	정의	사례
증강현실	현실 속 공간에 디지털로 구현한 정보나 물체를 입혀 보여주는 메타버스	포켓몬 고, 지오지브라 AR
라이프로깅	현실 속 정보를 디지털로 기록 및 공유하는 메타버스	SNS(인스타그램, 유튜브, 페이스북 등)
거울세계	실제 세계의 정보를 통합하여 확장시킨 메타버스	구글 어스
가상공간	특정한 현실 속에 존재하는 것과 같은 경험을 제공하는 메타버스	마인크래프트, 로블록스, 제페토, 게더타운, Zep, 코스페이시스 에듀

메타버스의 종류

코딩이 가능한 메타버스 가상공간인 마인크래프트

게임을 만들면서 즐길 수 있는 메타버스 가상공간인 로블록스

3D 아바타의 움직임을 주고 즐길 수 있는 제페토

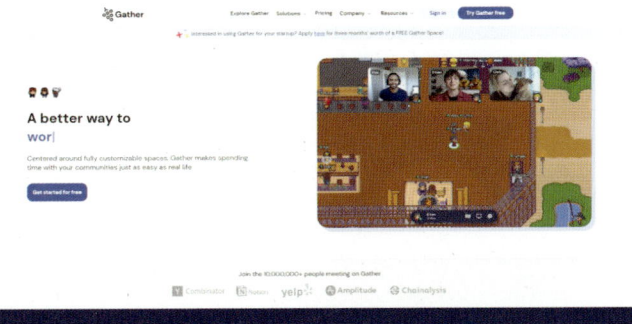

2차원 메타버스의 대표인 게더타운

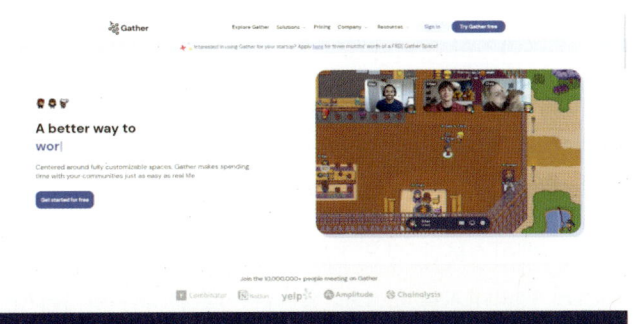

한국형 2차원 메타버스인 ZEP

3차원 모델링이 가능하면서 블록 코딩도 할 수 있는 코스페이시스 에듀

최근 메타버스를 언급할 때에는 증강현실, 라이프로깅, 거울세계보다는 가상공간을 의미하는 경우가 대부분입니다. 하지만 마인크래프트, 로블록스, 제페토, 게더타운, Zep, 코스페이시스 에듀와 같은 가상공간은 메타버스의 플랫폼이며, 증강현실, 라이프로깅, 거울세계에 해당하는 플랫폼도 메타버스라고 볼 수 있습니다.

메타버스와 수학 소프트웨어

이 책에서는 메타버스의 정의나 교육철학적 의미를 깊이 있게 논의하려고 애쓰지 않았습니다. 이미 메타버스는 우리의 현실에 스며들었으며, 수학 학습의 맥락에서 메타버스를 어떻게 적용할 수 있는가에 대한 고민이 이 책의 주제라고 볼 수 있기 때문입니다. 앞에서 언급한 것과 같이 메타버스의 종류는 다양합니다. 그러므로 페이스북과 같은 SNS를 이용하거나, 구글 어스를 이용하는 수학 학습 활동도 메타버스를 활용한 것으로 간주되어야 합니다. 다만 이 책에서는 메타버스라는 용어를 증강현실이나 가상공간의 플랫폼, 그리고 수학 소프트웨어를 활용하여 창조적 활동을 하는 경우에 초점을 두고 사용하려 합니다.

잠시 수학 소프트웨어에 대하여 살펴보고자 합니다. 지금까지 우리나라에서 주로 사용되는 수학 소프트웨어의 종류는 "동적 기하 소프트웨어"(DGS; Dynamic Geometry Software), "컴퓨터 대수 시스템"(CAS; Computer Algebra System), "데이터 핸들링 소프트웨어"(DHS; Data Handling Software) 등으로 볼 수 있습니다.

동적 기하 소프트웨어로는 대표적으로 GSP(Geometers' SketchPad), Cabri 3D가 유명합니다. 컴퓨터 대수 시스템으로는 CAS 계산기나 최근 인기있는 Desmos가 대표적입니다. 데이터 핸들링 소프트웨어로는 엑셀이나 우리나라 통계청에서 개발한 통그라미 등을 들 수 있습니다.

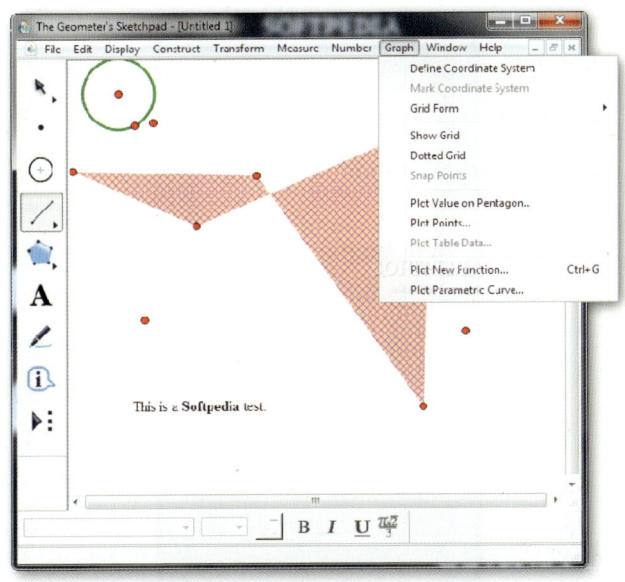

동적 기하 소프트웨어로 유명한 GSP

3차원 도형 작도가 가능한 Cabri 3D
(출처: https://cabri.com/en/enterprise/cabri-3d/index.html)

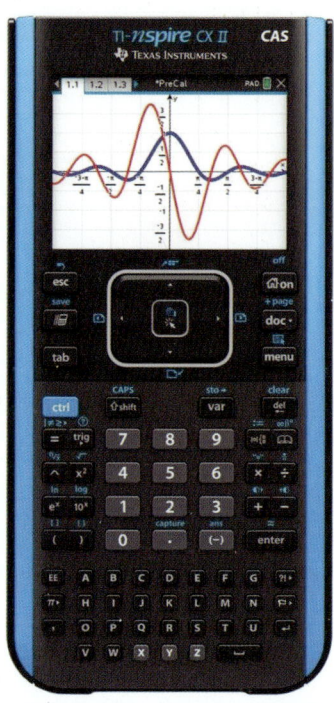

CAS 계산기로 유명한 Texas Instrument의 제품

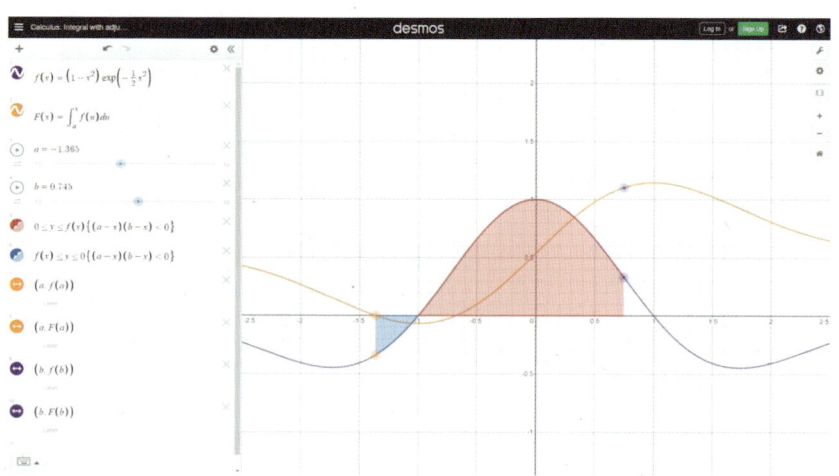

온라인 상에서 그래프를 그리는 환경인 Desmos

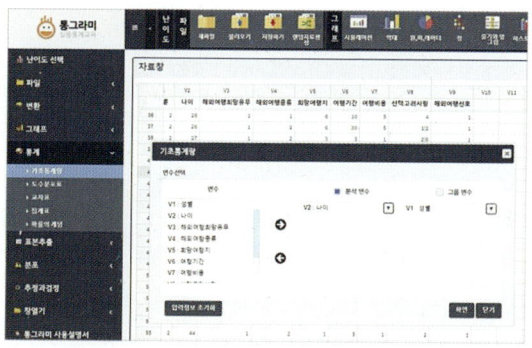

우리나라 통계청에서 개발한 통계 학습용 패키지인 통그라미

최근에는 하나의 소프트웨어에서 여러 수학 소프트웨어의 기능을 포괄적으로 제공하기도 합니다. 예를 들어 지오지브라(GeoGebra)는 기하 작도를 위한 "동적 기하 소프트웨어"의 기능과 함수의 그래프 등을 위한 "컴퓨터 대수 시스템"의 기능을 함께 구현하고 있습니다. 이처럼 수학 소프트웨어의 기능을 종합적으로 갖추고 있는 경우, 이를 "동적 수학 소프트웨어"(DMS; Dynamic Mathematics Software)라고 부르며, 지오지브라와 우리나라에서 개발된 알지오매스(Algeomath)가 이러한 소프트웨어의 대표적인 사례라고 볼 수 있습니다.

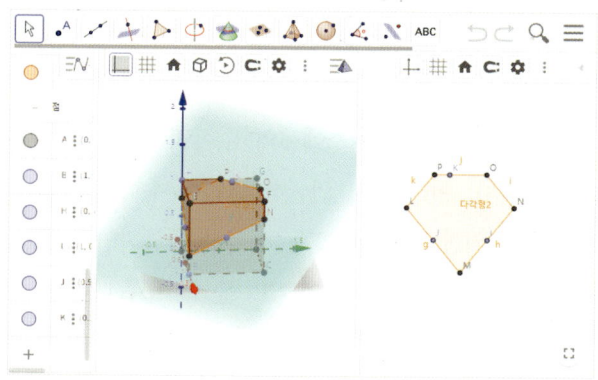

다양한 수학 소프트웨어 기능이 가능한 지오지브라

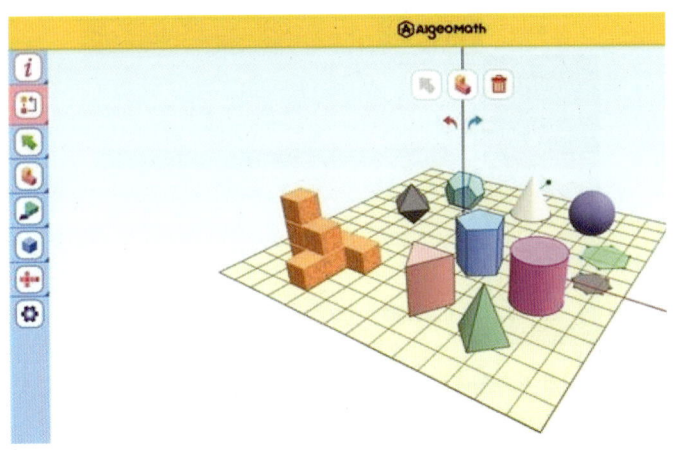

우리나라에서 개발한 수학 학습용 소프트웨어인 알지오매스

여러 수학 소프트웨어는 2차원 대상을 다루는 경우가 대부분이며, 3차원을 다룰 수 있는 소프트웨어로는 지오지브라와 Cabri 3D, 알지오매스 정도입니다. 이들 소프트웨어들은 가상공간 메타버스의 수준을 보여주지는 못하지만, 지속적으로 발전을 거듭하고 있기 때문에 머지않아 수학 학습을 위한 가상공간 메타버스의 수준까지 발전할 것이 기대됩니다.

메타버스에서의 수학적 경험

이 책의 제목이기도 한 "메타버스에서의 수학적 경험"에 대하여 부가적인 설명을 드리고자 합니다. 이 책에서 언급하고 있는 수학적 경험, 즉 수학적 모델링 활동을 수행하기 위한 "메타버스"는 사실상 이상적인 것으로 아직은 현실 가운데에서 완전히 구현되지 않은 것이라고 볼 수 있습니다.

다만 이 책에서는 최대한 현존하는 메타버스 플랫폼을 활용하여 수학적 모델링 활동을 하는 방법을 제시하고자 하였습니다. 제시된 사례들은 조만간 나타날 수학 학습을 위한 메타버스 플랫폼에서 유용할 것으로 보이는 것입니다.

이 책에서는 가상공간을 제공하는 메타버스 플랫폼으로 게더타운, Zep, 코스페이시스 에듀를, 수학적 경험을 제공하는 메타버스 플랫폼으로 지오지브라와 알지오매스를 활용하였습니다.

이는 학교를 짓는 과정을 생각한다면 쉽게 이해할 수 있습니다. 현실에서 학교를 지을 부지를 마련하거나 건물을 설계하고 세우는 과정은 게더타운, Zep, 코스페이시스 에듀에서 가상공간을 마련하는 것으로 이해할 수 있습니다. 이후에 선생님과 학생, 학생과 학생이 가상공간 안에서 지오지브라, 알지오매스 등으로 제작한 자료를 보면서 서로 고민하거나, 토론하는 과정을 통해 수학을 학습하게 되는 것입니다.

예를 들어 게더타운, Zep과 같은 메타버스 플랫폼에서 지오지브라와 알지오매스로 만들어진 애플릿 자료를 가상공간에 미술 갤러리나 박물관과 같이 배치할 수 있습니다. 또한 지오지브라에서 3D로 구현된 자료를 전송하기 위한 QR코드를 메타버스 상에 배치하여 학생이 증강현실을 경험하게 하는 것도 가능합니다.

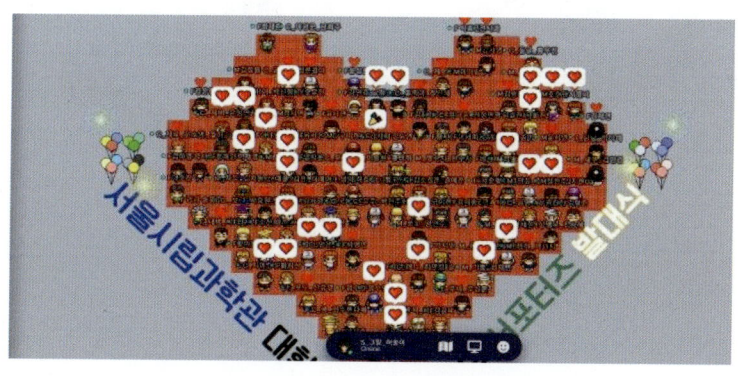

메타버스(게더타운)에서 열린 서울시립과학관 행사

<사진설명 : 메타버스 플랫폼인 '게더타운'에 구현된 음악관 내부 이미지.>

<사진설명 : 메타버스 플랫폼인 '게더타운'에 구현된 음악·미술·웹툰 융합 전시·공연 공간.>

국내 대학에서 개최된 메타버스 예술제

    코스페이시스 에듀와 같은 플랫폼에서는 가상공간에 STL 파일을 업로드하여 배치하는 것과 다양한 블록 코딩이 가능하기 때문에 지오지브라나 알지오매스 자료와의 연동을 통해서 학생이 수학적 모델링을 수행할 수 있습니다.

다음으로 "수학적 모델링"에 대해서 생각해 보겠습니다. 이 책에서는 메타버스의 수학적 경험을 위하여 "수학적 모델링"이라는 방법을 고려하였습니다.

기존에도 메타버스의 모델링은 매우 중요한 교육적 요소로 간주되었습니다. 예를 들어 전 세계적인 교육용 메타버스인 "마인크래프트"의 경우에는 코딩을 이용해서 다양한 건축물을 제작하는 등 "모델링"을 위해서 유용하게 활용되었습니다. 이 경우 마인크래프트에서의 코딩과 관련된 모든 활동은 수학적 모델링이라고도 볼 수 있습니다.

마인크래프트에서 제작된 중세 건축물

그러나 이 책에서 언급하는 수학적 모델링은 수학에서 제시되는 개념, 기호, 수식 등을 활용한 모델링으로 한정하였습니다. 예를 들어 빗살무늬 토기와 같은 모양의 곡면을 얻기 위해서는 x^2+y^2와 같은 수식을 지오지브라에 입력하면 됩니다. 이와 같은 방식으로 학생이 현실의 대상을 수학적 표현으로 표현하기 위해 수식을 활용하는 과정을 수학적 모델링 활동으로 간주하였습니다. 코딩과 관련이 있는 경우라고 하더라도 최대한 수학에서의 개념을 쉽게 코딩 언어로 번역한 정도의 활동을 제시하고자 노력하였습니다.

메타버스에서의 수학적 경험 및 교육적 효과, 이에 대한 선생님, 학생의 역할은 앞으로 연구되어야 할 과제입니다. 분명한 것은 메타버스에서의 모델링 활동은 수학적 관념의 추상적 속성을 적절히 표현할 수 있는 길을 다양하게 열어준다는 것입니다. 수학적 모델링을 바탕으로 한 메타버스에서의 수학적 경험은 앞으로 수학 학습에서 유용하게 활용될 수 있을 것입니다.

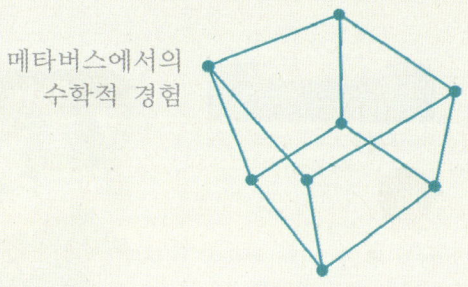

메타버스에서의
수학적 경험

02

2차원 메타버스와 수학

게더타운의 소개

최근에 게더타운(Gather.town)이라는 메타버스가 유행하고 있습니다. 일반적으로 메타버스라고 하면 3차원 가상공간을 떠올리기 마련입니다. 하지만 게더타운은 2차원 평면에 아바타가 걸어다니는 모습을 보여줍니다. 어떤 측면으로는 투박하고, 고전적입니다. 마치 예전에 우리나라에서 유행했던 싸이월드(Cyworld)의 미니미가 걸어다니는 것과 같은 느낌을 줍니다.

현재 메타버스로 개발된 싸이월드(출처:
https://weekly.donga.com/List/3/all/11/3498118/1)

게더타운은 미국 스타트업인 "게더(Gather)"에서 제작한 클라우드 기반 가상공간 플랫폼으로 사용자는 아바타로 나타나며, 아바타가 서로 만나 대화하고 업무나 학술 활동을 진행하는 것이 가능합니다.

게더타운의 특징은 다음과 같습니다.

- 캐릭터(아바타) 사이에 자유로운 화상 대화가 가능하다. 캐릭터가 서로 가까워지만 자동으로 화상 대화가 시작된다.
- 다양한 오브젝트를 사용할 수 있다.
- 사용자가 자유롭게 새로운 공간(맵)을 설계할 수 있다.
- 2차원 공간과 캐릭터로 운영되어서 3차원 공간이나 캐릭터보다 피로감이 덜하다.
- 25명까지는 무료로 기능이 제공된다.

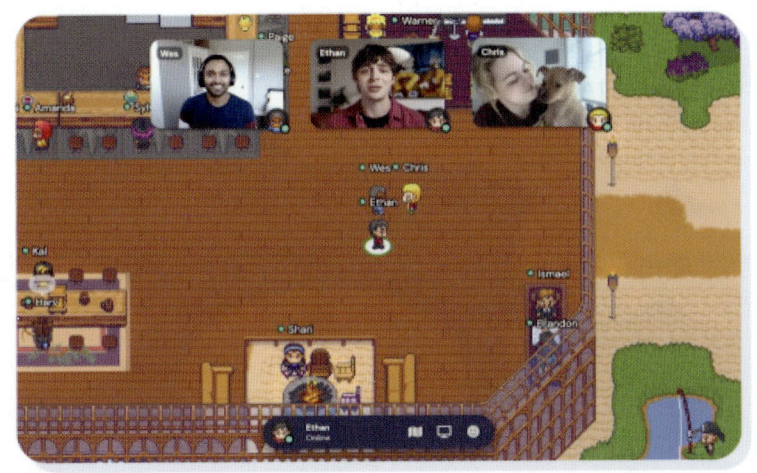

게더타운의 실행 화면(출처: https://www.gather.town/)

　게더타운은 크롬 웹브라우저에서 가장 잘 작동합니다. 우리나라의 웨일 브라우저도 크롬 브라우저 계열이기는 하지만 가끔 원활한 작동이 안 될 때가 있었습니다. 그런 상황이 나타날 때, 크롬 브라우저를 사용하면 많은 문제가 해결되었습니다. 물론 스마트폰에서도 크롬 브라우저로 게더타운을 사용할 수 있습니다.

　게더타운에 로그인을 하면 스페이스를 만들게 됩니다. 그 다음 스페이스 안에서 캐릭터(아바타)를 이동시키게 됩니다. 이때 캐릭터(아바타)는 화살표 키 또는 WASD 키를 눌러 이동시킵니다.

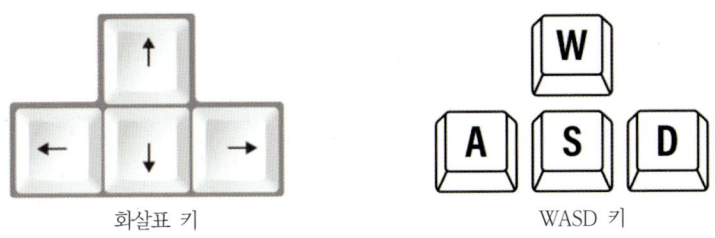

화살표 키　　　　　　　　　WASD 키

캐릭터 이동을 위한 키

게더타운에서는 서로 자신의 컴퓨터 화면을 다른 사람에게 공유할 수 있습니다. 아래 그림을 보면 사용자가 자신의 화면을 공유하기 위해서 버튼을 누르면 화면 상단에 공유할 화면을 선택하는 창이 나타납니다. 여러 창 가운데 자신이 공유하고 싶은 창을 선택하면 다른 사용자에게 화면이 공유됩니다.

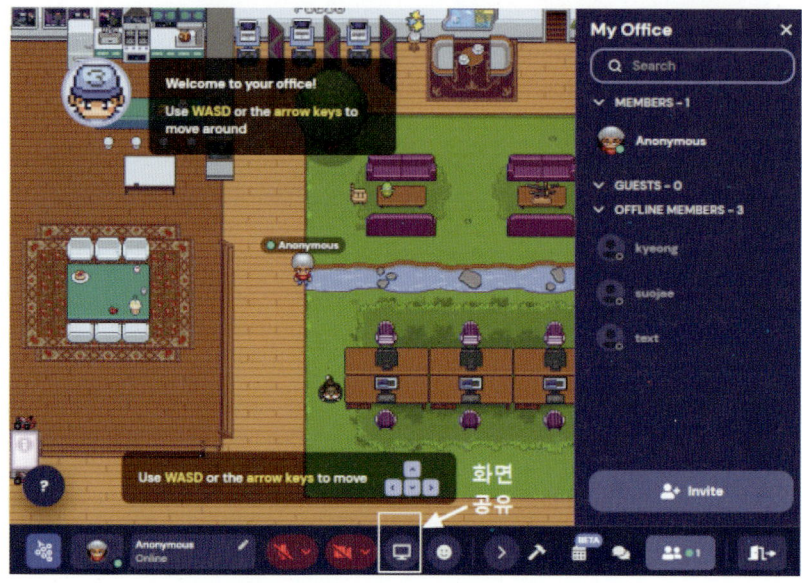

게더타운에서 자신의 화면을 공유하려는 모습

또한 자신이 만든 스페이스에 다른 사람을 초대할 수도 있습니다. "Invite" 버튼을 클릭하면 이메일로 초대할지, 링크를 복사할지 묻는 창이 나타납니다. 이메일은 한 사람에게만 초대할 수 있기 때문에 보통의 경우에는 링크를 복사한 후 카카오톡과 같은 메신저에 주소를 복사하여 초대합니다.

ZEP의 소개

앞에서 게더타운(Gather.town)에 대해서 소개하였습니다. 이번에는 게더타운과 유사하면서 우리나라에서 만들어진 메타버스인 ZEP를 소개하고자 합니다.

ZEP에서 회의를 수행하는 모습(출처: https://zep.us/)

그림에서 볼 수 있는 것과 같이 앞에서 게더타운의 실행화면과 상당히 유사한 면이 있습니다. 하지만 게더타운보다도 실행하는 과정이 훨씬 쉽고 다양한 메뉴를 사용하는 면에서 직관적입니다. 그래서 게더타운을 사용한 경험이 있는 사용자라면 별다른 학습 과정 없이도 쉽게 ZEP를 사용할 수 있습니다.

왜 2차원 메타버스가 유용한가?

앞에서 게더타운(Gather.town)과 ZEP를 소개하였고, 이들의 특징은 2차원 메타버스라는 점입니다. 2차원 메타버스에서 3차원 메타버스와 같은 현실감을 제공하는 것이 어렵다는 것은 분명합니다. 하지만 교육이나 실무와 같은 "생산성"을 추구하는 곳에서는 3차원보다는 2차원 메타버스를 선택하였습니다. 이점을 볼 때 우리는 "실재성 결여"라는 것이 단지 시각적 요소의 문제가 아니라는 점을 알 수 있습니다.

　실재성 측면은 목적에 따라서 달라질 수 있습니다. 이때 교육과 실무에서의 실재성 결여는 의사소통, 자료 공유, 업무나 학습 진행의 상황에서 발생할 것입니다. 이 가운데 시각적 경험의 부족은 극히 일부분이 됩니다. 따라서 교육과 실무적 측면에서는 2차원 메타버스가 유용하게 활용될 수 있는 것입니다.

ZEP의 교육적 활용을 설명하는 모습(출처: https://zep.us/)

　이는 우리나라에서 한글(HWP) 워드프로세서가 널리 활용되는 과정을 살펴보면 쉽게 이해할 수 있습니다. '한글'은 MS 워드에 비해서 메뉴가 직관적이고, 자동화되지 않은 측면이 있어 사용자가 직접 제어해야만 하기 때문에 우리나라 사용자의 취향에 적합했습니다.[3] 이러한 과정을 돌아볼 때 앞으로도 사용자의 요구사항을 충족할 수 있는 2차원 메타버스인 게더타운이나 ZEP은 교육과 실무에서 지속적으로 널리 사용될 것으로 예상됩니다.

---

[3] 이 점에 대해서는 다양한 의견이 있을 수 있다고 생각합니다.

2차원 메타버스에서의 수학 학습

　수학 학습을 위해서 2차원 메타버스(게더타운이나 ZEP)를 어떻게 활용하면 좋을까요? 우선 제가 앞에서 말씀드린 것과 같이, 2차원 메타버스는 온라인 상에 공간을 만들어주는 메타버스입니다. 현실에서의 상황과 비교해보면, 2차원 메타버스에서 공간을 만드는 것은 학교나 교실을 만드는 것과 같습니다. 현실 상황에서 학교 건물을 지었다고 교육이 이루어지는 것이 아니듯, 2차원 메타버스에서 공간을 만들고 학생들을 초대했다고 해서 수학 학습이 이루어지는 것은 아닙니다. 그래서 수학 학습을 위해서는 새로운 가상공간에서 무엇을 해야 하는지 고민해야 합니다.

　이때 잠시 2차원 메타버스와 줌을 서로 비교해 볼 수 있습니다. 지금까지 원격 교육에서 가장 많이 사용되었던 것은 화상회의 시스템, 즉 줌(Zoom)과 같은 환경이었습니다. 줌에서도 학생들의 소그룹 활동도 가능하기 때문에 학생 사이의 토론도 이루어질 수 있습니다. 그러나 모든 활동은 중앙에서 제어가 가능하기 때문에 학생의 자유로운 활동이 보장되지는 않습니다. 2차원 메타버스에서는 학생의 자유로운 활동이 보장됩니다. 따라서 학생 중심의 교육을 지향하는 경우에는 2차원 메타버스가 훨씬 유용합니다. 2차원 메타버스 공간의 곳곳에 학생들이 찾아다니면서 학습을 진행할 수 있는 "학습 자료"가 배치되어야 합니다. 그리고 선생님이나 부모님은 그 공간에서 미술관이나 박물관에서의 "큐레이터" 역할을 해야 합니다. 미술관이나 박물관에서의 큐레이터가 다양한 작품, 전시물을 감상할 수 있도록 도움을 주듯 2차원 메타버스에서의 선생님이나 부모님은 함께하는 학생들에게 비슷한 도움을 주어야 합니다.

ZEP에서 수학 자료를 배치하는 방법

 지오지브라나 알지오매스에서는 수학 학습 자료를 웹 주소로 공유하는 기능이 있습니다. 여기에서는 웹 주소를 ZEP의 메타버스 공간에 배치하는 방법에 대하여 소개하겠습니다.

① ZEP에 가입하고 로그인하면 다음과 같은 화면이 나타납니다.

② "스페이스 만들기"를 클릭하면 다양한 템플릿 창이 나타납니다. 교실을 선택하겠습니다.

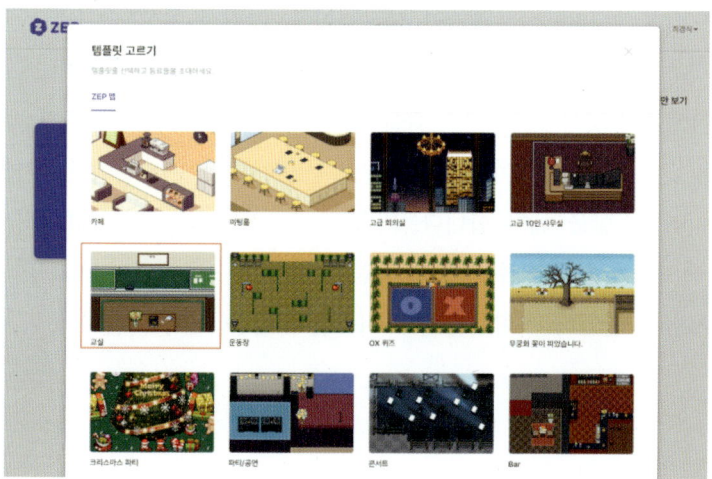

③ 스페이스가 만들어지고 그 안에 들어갔습니다. 교실에 들어간 모습이 보이네요.

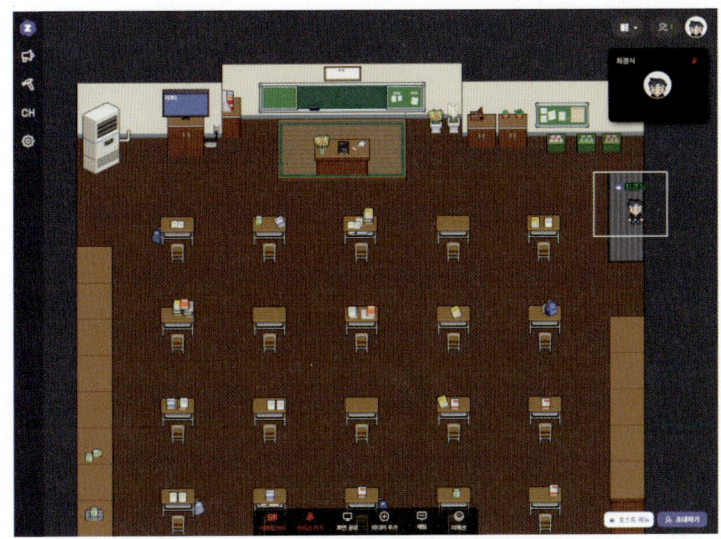

④ 동영상, 이미지 등의 자료를 추가하기 위해서는 아래의 "미디어 추가" 버튼을 누르면 됩니다. 그러면 미디어 추가 메뉴가 나타납니다.

2차원 메타버스와 수학 ■ 29

⑤ "타일 효과"를 선택한 후 "웹 링크"를 선택합니다.

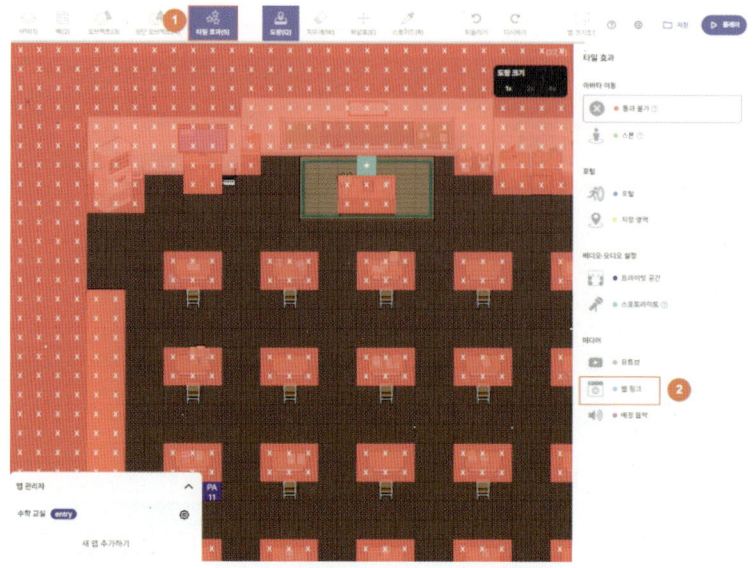

⑥ "웹 링크" 창에 지오지브라, 알지오매스, 코스페이시스 에듀 등의 웹 링크 주소를 입력합니다.

⑦ 원하는 곳을 클릭하여 웹 링크를 배치합니다. 화면의 E라는 글자가 배치된 곳이 웹 링크입니다.

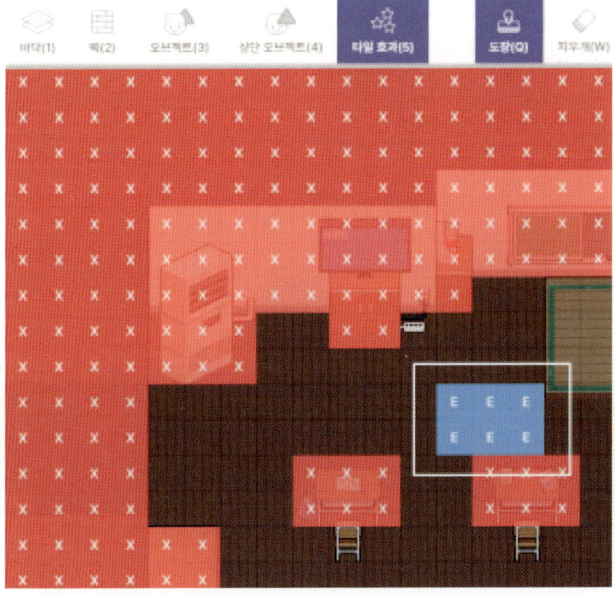

⑧ 화면에서는 다음과 같이 나타납니다. F키를 누르면 웹 링크가 실행됩니다. 저는 지오지브라 자료의 웹 링크를 삽입하였습니다.

⑨ 웹 링크가 실행되어 지오지브라 자료가 나타났습니다.

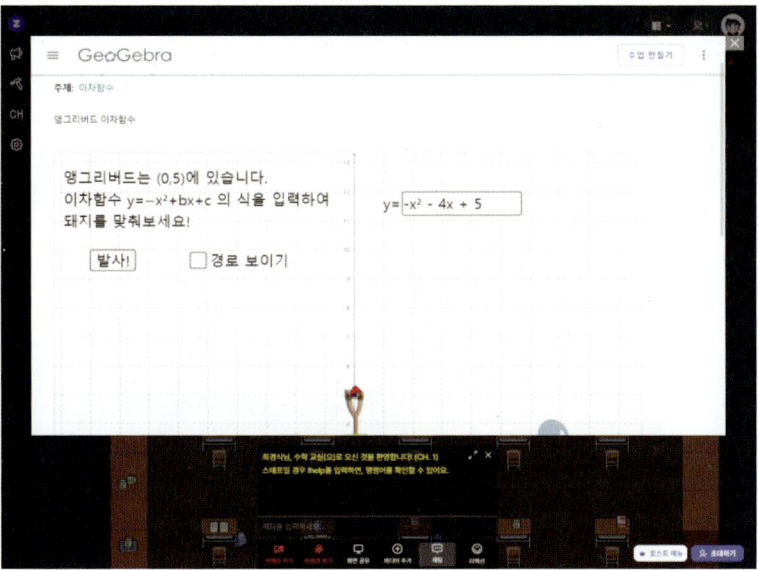

　지오지브라로 만들어진 수학 학습 자료도 2차원과 3차원이 있으며, 알지오매스 자료도 마찬가지입니다. 또한 코스페이시스 에듀 자료도 삽입할 수 있습니다. 그렇게 되면 ZEP과 같은 2차원 메타버스에서 제공하는 공간은 2차원 자료나 3차원 자료를 얼마든지 제공할 수 있게 됩니다. 이와 같은 과정을 통하여 2차원이라는 실재감 부족의 제약을 제거할 수 있습니다.

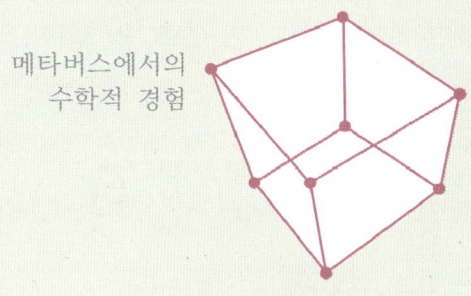

메타버스에서의
수학적 경험

03
증강현실과 수학

무료 수학 프로그램인 지오지브라

지오지브라 소프트웨어는 지난 10여년간 우리나라 학교 현장에서 점차적으로 확산되어 왔습니다. 그래서 많은 학생들이 수학 수업에서 지오지브라를 경험하였습니다. 지오지브라는 기하, 대수, 통계, 미적분, 이산수학의 모든 수학적 개념을 다룰 수 있는 동적 수학 소프트웨어(Dynamic Mathematics Software)입니다. 다양한 수학 개념을 다루기 때문에 지오지브라의 사용법이 복잡할 것이라고 생각할 수 있지만 중·고등학교 수학 교과서의 수식이나 기호를 입력하면 수학 그래프나 도형을 쉽게 그릴 수 있습니다.

지오지브라 실행화면의 윗부분에는 다양한 도구 아이콘이 있습니다. 실행화면의 오른편은 기하창, 왼편은 대수창입니다. 기하창에는 그래프, 도형이 나타나며 대수창에는 그에 대한 명령어나 수식이 나타납니다. 이 외에도 지오지브라에는 스프레드시트 창, CAS 창, 3차원 기하창이 있습니다.

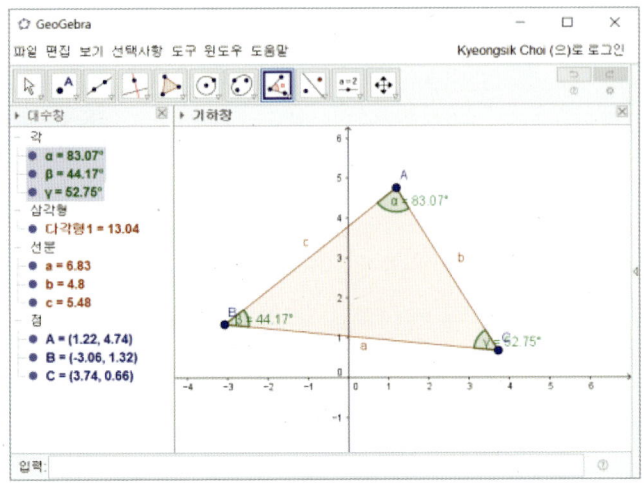

지오지브라의 실행화면

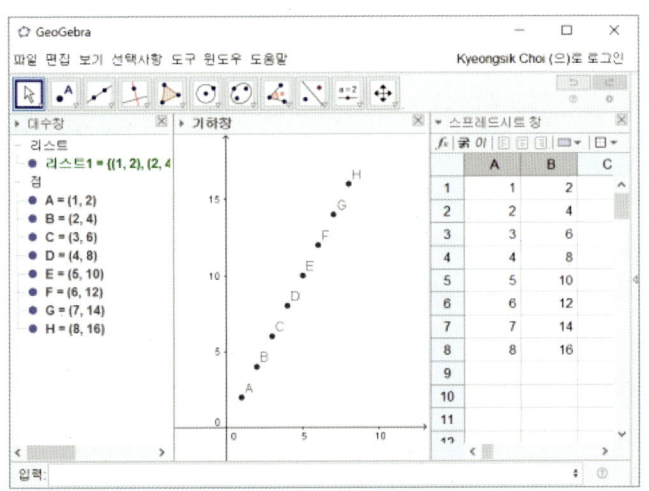

지오지브라의 스프레드시트 창

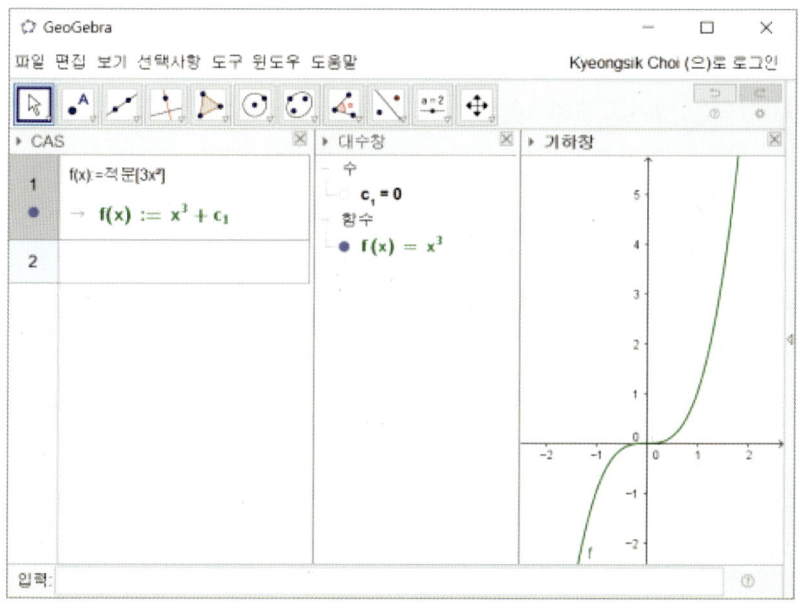

지오지브라의 CAS 창

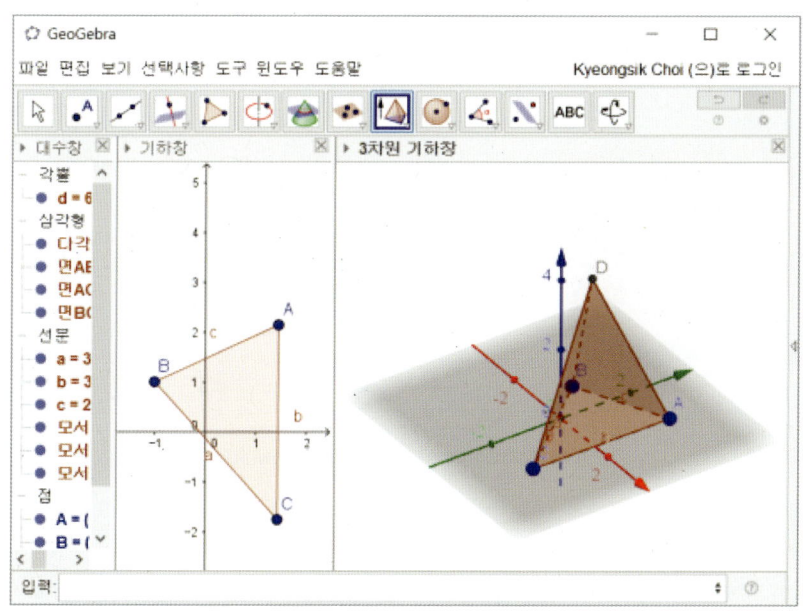

지오지브라의 3차원 기하창

증강현실과 수학 ■ 35

증강현실

증강현실은 영어로 AR(Augmented Reality)이라고 하는데 현실 상황에 가상적인 대상을 덧입혀 나타내는 것을 말합니다. 몇 년 전 모두에게 인기 있던 스마트폰 게임인 포켓몬 고(Pokemon GO)는 증강현실을 이용한 대표적 사례입니다. 사실 증강현실은 우리 생활에 밀접하게 다가오고 있습니다. SNS로 유명한 페이스북의 모회사인 META, 아이폰, 아이패드를 만드는 애플 모두 증강현실에 많은 투자를 진행하고 있습니다.

수학을 공부할 때 어떻게 증강현실을 관련 지을 수 있을까요? 수학은 '현실의 대상'에 '수학적인 해석'을 덧붙이는 것이라고 생각할 수 있습니다. 두 지점 사이의 거리를 재기 위해 좌표축을 덧붙이고 도넛을 입체도형인 토러스(Torus; 도넛 모양의 입체)로 해석하는 것입니다. 증강현실은 우리의 머릿속에서 일어나는 일을 시각적으로 보여주는 것입니다. 즉 우리 주변에서 볼 수 있는 다양한 대상에 대한 '수학적 해석'을 덧붙일 때 증강현실 기술을 활용할 수 있는 것입니다.

 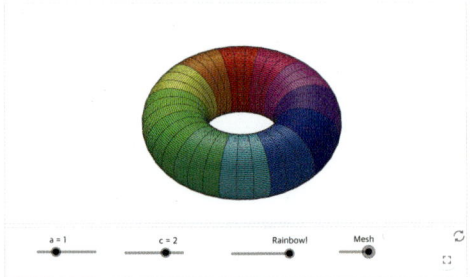

도넛과 토러스(https://ggbm.at/xacwukxu)

지오지브라와 증강현실

지오지브라는 데스크톱 버전 외에도 앱을 제공합니다. 그 중 지오지브라 3차원 계산기 앱에서는 증강현실(AR) 기능을 제공합니다. 따라서 지오지브라 3차원 계산기를 이용하여 다양한 수학적 모델링 활동을 하고 이를 증강현실 가상체험을 할 수 있습니다.

달걀과 달걀판을 소재로 하여 예로 들어보겠습니다. 스마트폰 앱인 지오지브라 3차원 계산기에서 달걀은 타원체라는 입체도형($2.25\ x^2 + y^2 + z^2 = 25$)으로, 달걀판은 삼각함수의 곱으로 이루어진 함수($a(x,y) = 2\ \sin(x)\ \sin(y)$)로 표현할 수 있습니다. 그 다음 만들어진 수학적 모델에 AR(증강현실) 모드를 적용하면 현실에서의 달걀, 달걀판과 비교해 볼 수 있습니다.

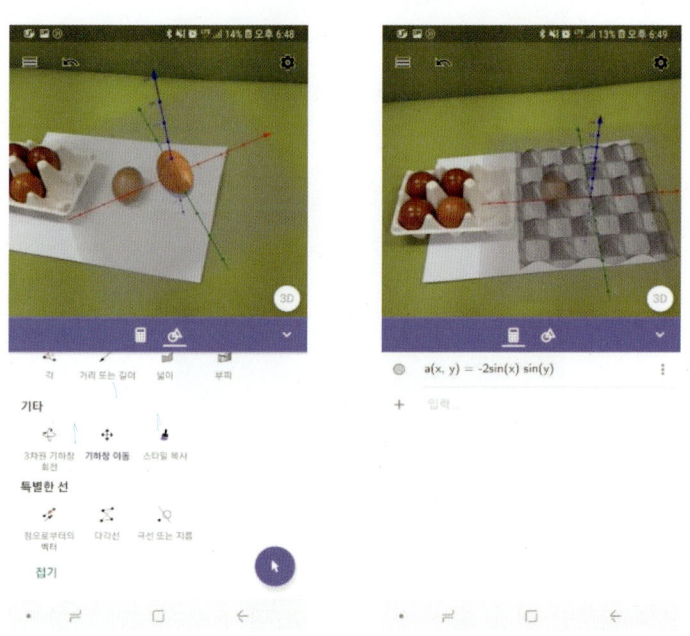

지오지브라 3차원 계산기에서 달걀과 달걀판을 만들고 증강현실 기능을 사용한 모습

또 다른 예를 들어보겠습니다. 지오지브라에서 여러 수학 도형을 활용하여 첨성대를 설계할 수도 있습니다. 첨성대의 몸체는 회전면으로, 기단과 천정은 사각기둥으로 만들 수 있습니다. 그 다음 지오지브라 앱에서 증강현실 기능을 사용하면 그림과 같이 첨성대가 현실 가운데 나타납니다.

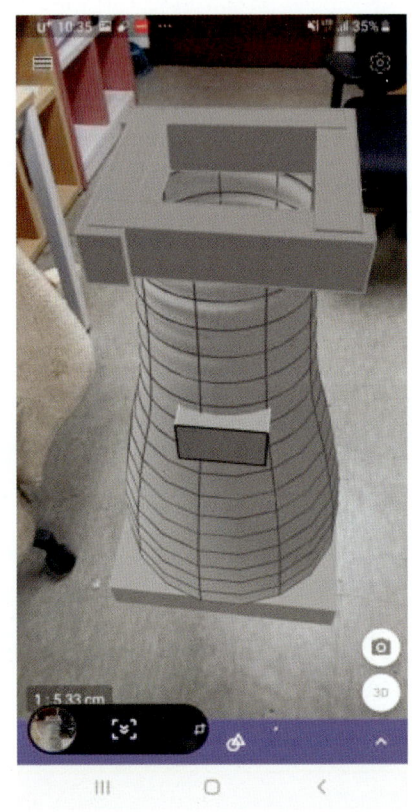

첨성대를 설계한 후 지오지브라 3차원 계산기에서 증강현실로 투영한 모습

이때 누군가는 이렇게 질문을 던질 수 있습니다. 첨성대를 지오지브라에서 모델링하고 모니터로만 봐도 되는 것 아니냐고 말이죠. 하지만 증강현실은 가상 세계와 현실 세계를 결합한 것이라는 점을 기억해야 합니다. 가상 세계에서는 현실에서 불가능하다고 생각하는 것도 얼마든지 가능합니다.
만일 지오지브라에서 만든 첨성대를 확대해서 그 안에 들어간다면 어떨까요?

지오지브라 증강현실에서는 가능합니다. 지오지브라에서 도형의 확대 축소는 얼마든지 가능하기 때문이죠.

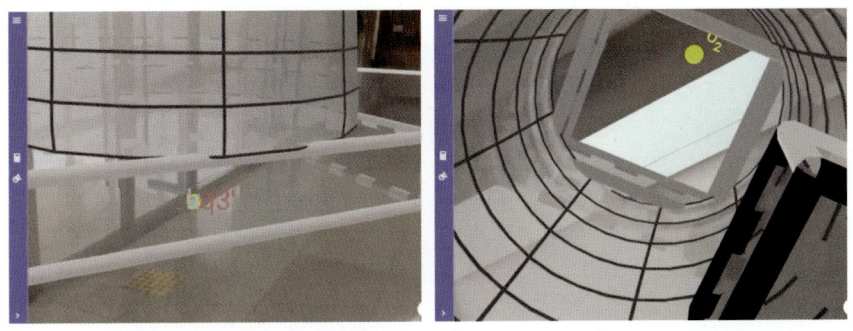

증강현실을 이용해 설계한 첨성대 안에 들어가 별 관측을 체험하는 모습

　많은 사람이 경주를 방문하지만, 첨성대에 직접 들어가서 별을 관찰하기는 쉽지 않을 것입니다. 하지만 자신이 만든 첨성대에 증강현실 모드에서 직접 들어가 체험한다면 멋지지 않을까요? 그림에서는 증강현실로 만든 첨성대를 확대하여 그 안에 들어가고 지오지브라에서 만든 별을 관찰하는 모습을 보여줍니다.
　이처럼 증강현실은 우리 주변을 수학적으로 표현하는 것에 많은 도움을 줍니다. 이와 같은 관점을 가지게 되면 세상이 온통 수학적 도형으로 가득 차 있다는 것을 알 수 있을 것입니다. 지오지브라를 사용하여 현실의 대상을 수학적으로 표현하고 이를 증강현실로 적용하는 것은 누구나 쉽게 경험할 수 있게 된 것입니다.

증강현실에서 더 나아간다면...

　증강현실은 현실에 가상적 대상을 덧입혀 보여주는 것이기 때문에 실재성이 부족합니다. 하지만 지오지브라에서는 이를 극복할 수 있습니다. 지오지브라에서는 다운로드 받은 STL 파일을 사용하여 3차원 도형을 3D 프린팅할 수도 있습니다.

3D 프린팅으로 출력한 첨성대

지오지브라 증강현실을 활용한 사례

■ 커피 필터

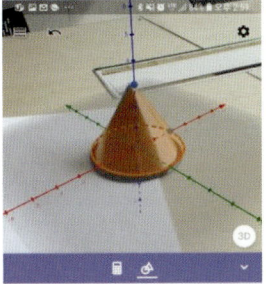

지오지브라 도구로
원뿔을 작도합니다.

■ 화분

지오지브라 대수셀에
$-1.8\sqrt{15-5x^2-5y^2}$
을 입력합니다.

증강현실과 수학 ■ 41

■ 초콜릿

지오지브라 도구로
삼각기둥을 작도합니다.

■ 포테이토 칩

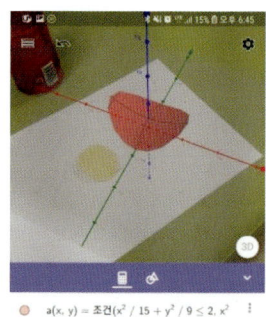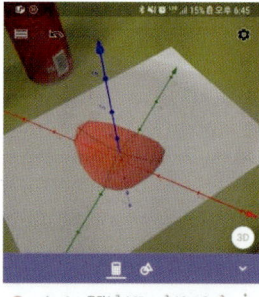

지오지브라 대수셀에
$$\frac{x^2}{15} - \frac{y^2}{11} + 2,$$
$$\frac{x^2}{15} + \frac{y^2}{9} \leq 2$$
을 입력합니다.

■ 도넛

 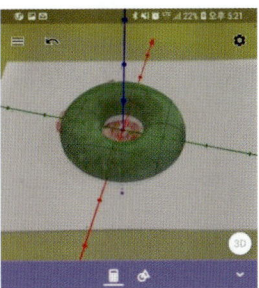

지오지브라 대수셀에
$$\sqrt{1-\left(2-\sqrt{x^2+y^2}\right)^2}$$
$$-\sqrt{1-\left(2-\sqrt{x^2+y^2}\right)^2}$$
을 입력합니다.

QR 코드를 이용하여 지오지브라 3차원 자료를 전송

스마트폰 앱인 지오지브라 3차원 계산기에서 자료를 만들면 바로 증강현실을 경험할 수 있습니다. 하지만, 모든 자료를 스마트폰에서 만들기에는 어려움이 많습니다. 가장 큰 어려움은 화면의 크기입니다. 스마트폰 앱은 기본적으로 손바닥 정도의 크기에 맞게 설계되어 있기 때문에 복잡한 자료를 개발하기에는 적합하지 않습니다. 따라서 컴퓨터에서 자료를 제작하고 이를 온라인에 저장한 후 스마트폰 앱으로 전달하여 실행하는 것이 편리합니다.

지오지브라 자료를 온라인에 저장한 후 이를 학생에게 쉽게 전달하기 위해 QR 코드를 활용할 수 있습니다. 예를 들어 지오지브라 온라인 자료 가운데 주소가 https://www.geogebra.org/m/Ff9psqMb인 자료를 스마트폰 앱인 "지오지브라 3차원 계산기"로 전달하려면 주소를 다음과 같이 변경해 주어야 합니다.

https://www.geogebra.org/3d/Ff9psqMb

차이점을 아시겠나요? 중간에 m을 3d로 고쳤습니다. 위의 주소와 같이 "3d"라는 글자가 포함되면 자동으로 지오지브라 3차원 계산기로 연결합니다. 이 주소를 https://ko.qr-code-generator.com/와 같은 QR 코드 생성 사이트에서 QR 코드로 변환할 수 있습니다.

수학 자료 주소를 QR 코드로 변환하는 모습

이렇게 만들어진 QR 코드를 게더타운이나 ZEP과 같은 2차원 메타버스에 추가할 수 있습니다. 학생은 이 QR 코드를 이용하여 지오지브라 3차원 계산기에서 증강현실을 경험할 수 있습니다.

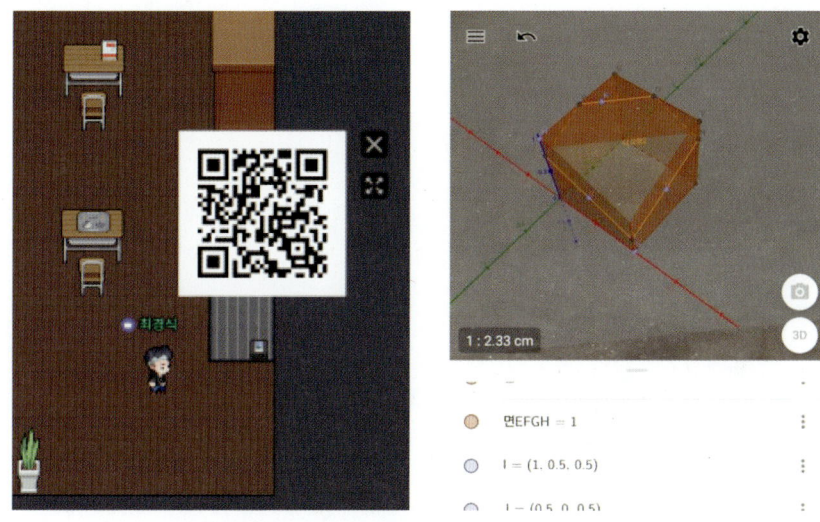

ZEP 메타버스에 삽입된 QR 코드로 전송된 자료로
스마트폰에서 지오지브라 증강현실을 실행한 모습

메타버스에서의
수학적 경험

04

3차원 메타버스와 수학

교육용 AR, VR을 제공하는 코스페이시스 에듀

코스페이시스 에듀(Cospaces Edu)는 독일에서 만들어진 교육용 AR, VR 메타버스입니다. 코스페이시스 에듀에서는 3차원 공간을 간편하게 설계할 수 있으며, 다양한 오브젝트, 캐릭터를 활용할 수 있습니다.

코스페이시스 에듀는 웹 기반이지만 앱으로 스마트폰이나 태블릿에서도 활용하는 것이 가능합니다. 이때 증강현실, 가상현실 체험이 모두 가능하며, 블록 코딩까지도 가능합니다.

코스페이시스 에듀는 상용 프로그램이기 때문에 무료 버전에서는 기능의 제한이 있습니다. 무료 버전에서는 만들 수 있는 공간의 수, 사용할 수 있는 오브젝트, 캐릭터, 블록 코딩 기능이 제한됩니다. 이 책에서는 코스페이시스 에듀의 프로 버전을 경험할 수 있도록 코드를 제공합니다.

코스페이시스 에듀의 공식 웹사이트(https://cospaces.io/edu/)

코스페이시스 에듀 가입하기

코스페이시스 에듀(Cospaces Edu) 공식 웹사이트의 오른쪽 상단에 "Log In"을 클릭하면 로그인 환경으로 이동합니다. 그 다음 학생인지, 선생님인지 선택하는 창이 나타납니다. 마지막으로 확인 이메일을 보내고, 그 메일을 열어서 확인 버튼을 클릭하면 가입 절차가 마무리됩니다.

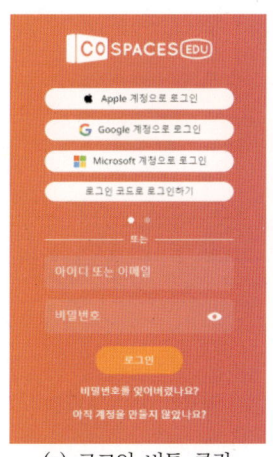  

(a) 로그인 버튼 클릭   (b) 학생, 선생님 선택   (c) 이메일 보내고 확인

코스페이시스 에듀에서의 가입 과정

3차원 메타버스와 수학

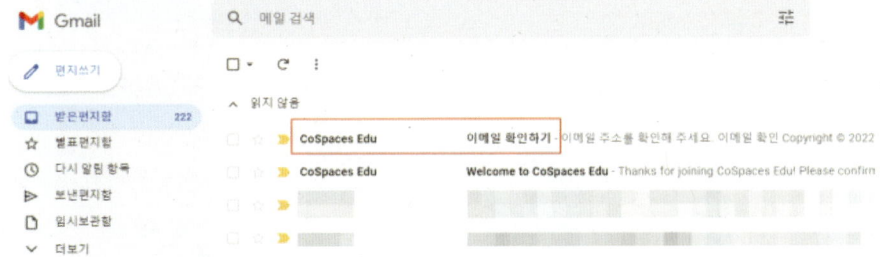

코스페이시스 에듀에서 발송된 이메일 확인하는 모습

코스페이시스 에듀 프로 버전

코스페이시스 에듀(Cospaces Edu)에 로그인하여 화면 왼편 아래에 "프로 업그레이드 하기"를 클릭하면 나타나는 창에서 "체험판 활성화하기"를 선택합니다. 그 다음 체험판 코드를 입력합니다. 체험판 코드를 입력하면 한 달 동안 학생 100명과 함께 코스페이시스 에듀 프로 계정을 사용할 수 있습니다.

COSKYEONGSIKCH

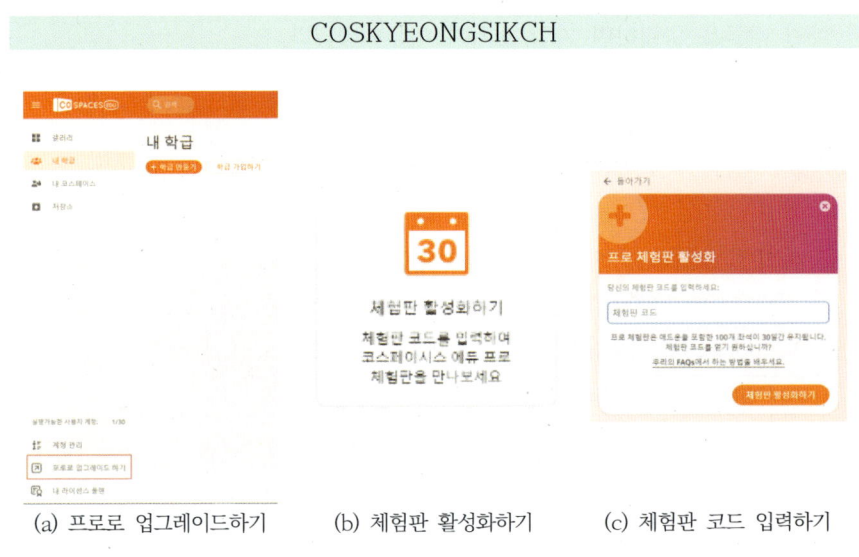

(a) 프로 업그레이드하기   (b) 체험판 활성화하기   (c) 체험판 코드 입력하기

코스페이시스 프로 체험판 활성화 방법

코스페이시스 에듀에서의 문학-코딩-수학 융합 교육

　코스페이시스 에듀의 교육적 활용도는 매우 다양하다고 볼 수 있습니다. 저의 경우에는 코스페이시스 에듀를 활용하여 예비 선생님들을 교육할 기회가 있었습니다. 이때 문학 작품 감상을 위하여 코스페이시스 에듀에서 가상공간 안에 시를 표현하는 과제를 제시하였습니다.

　이때 한 조의 예비 선생님들은 윤동주 시인의 '자화상'의 배경 공간을 코스페이시스 에듀에서 설계하였습니다. 아래의 시가 윤동주 시인의 자화상입니다.

자화상
윤동주

산모퉁이를 돌아 논가 외딴 우물을 홀로
찾아가선 가만히 들여다봅니다.

우물 속에는 달이 밝고 구름이 흐르고 하
늘이 펼치고 파아란 바람이 불고 가을이
있습니다.

그리고 한 사나이가 있습니다.
어쩐지 그 사나이가 미워져 돌아갑니다.

돌아가다 생각하니 그 사나이가 가엾어집
니다. 도로 가 들여다보니 사나이는 그대
로 있습니다.

다시 그 사나이가 미워져 돌아갑니다.
돌아가다 생각하니 그 사나이가 그리워집
니다.

우물 속에는 달이 밝고 구름이 흐르고 하
늘이 펼치고 파아란 바람이 불고 가을이
있고 추억처럼 사나이가 있습니다.

　예비 선생님들은 이 시의 배경이 되는 가상공간을 창조하기 위해서 '산모퉁이의 외딴 우물'을 만들고 그 안의 '사나이'를 창조하여 우물을 들여다보도록 하였습니다.

'자화상'에서 시의 화자가 우물을 안을 들여다보는 모습

그다음 '사나이'의 움직임을 블록 코딩을 이용하여 설계하였습니다. 마지막으로 카메라를 배치하고 시적 화자의 시선을 따라 화면이 나타나도록 하였습니다.

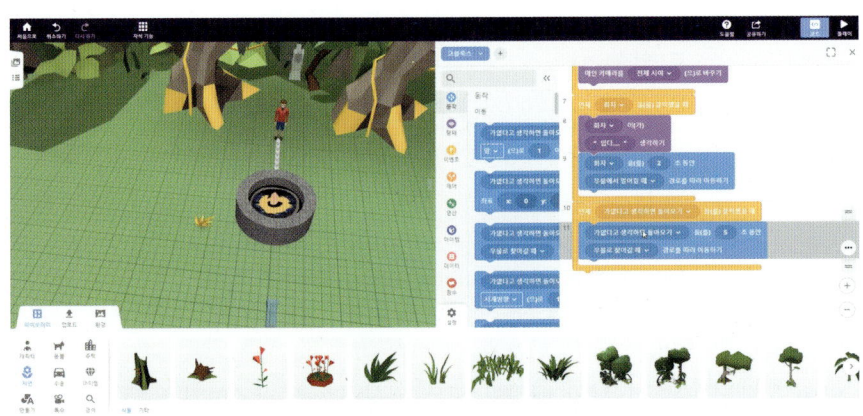

등장인물의 움직임과 카메라 화면을 블록 코딩으로 제어하는 모습(https://edu.cospaces.io/FAY-YQL)

이와 같은 가상공간을 만들고 경험한 예비 선생님들은 자신들이 만든 가상공간에서 마치 '자화상'의 시적 화자가 된 듯한 느낌을 받았다고 하였습니다. 특히 앞으로 학교 현장에서 메타버스나 코딩에 관하여 관심을 두고 문학과 연계하여 지도하고 싶다고 하였습니다.

　일반적으로 코딩, 테크놀로지는 인문계열 과목은 관련성이 없다고 생각됩니다. 하지만 시적 공간을 가상공간으로 창조하고 그 안에서 체험하는 것을 경험한 예비 선생님들은 인문계열 과목에서도 메타버스를 활용하면 더 효과적이라는 것을 이해하게 되었습니다.

　이는 수학과 인문계열 과목과의 연계성을 강화시켜주는 좋은 기회가 될 수 있습니다. 가상의 공간 안에서 코딩을 이용하는 것을 문학에 적용할 수 있다면, 수학과 문학을 메타버스 공간을 매개로 접목할 수 있는 것입니다. 이러한 측면에서 메타버스는 융합을 위한 다리가 될 수 있다고 생각할 수 있습니다.

코스페이시스 에듀에서의 역사-수학 융합 교육

　코스페이시스 에듀에서 역사와 수학을 연계할 수도 있습니다. 먼저 지오지브라 소프트웨어에서 다양한 우리나라 문화재를 모델링합니다. 그 다음 코스페이시스 에듀에 박물관을 만들고 그 안에 전시를 하는 것입니다. 이때 지오지브라에서 만든 3차원 모델을 코스페이시스 에듀에 업로드하기 위해서는 지오지브라에서 STL로 저장해야만 합니다. 코스페이시스 에듀에서는 다양한 3차원 모델링 파일을 업로드할 수 있기 때문에, 지오지브라에서 만들어진 STL 파일을 업로드할 수 있습니다.

지오지브라로 만든 한국의 문화 유산 모델링(https://www.geogebra.org/m/wehtqdub)

코스페이시스 에듀에 만든 우리나라 문화유산 박물관

코스페이시스 에듀에서 자료 작성 팁

    코스페이시스 에듀의 인터페이스는 상당히 직관적이기 때문에 몇 번만 클릭을 해 보아도 쉽게 사용법을 익힐 수 있습니다. 다만 코딩의 경우에는 약간의 노력이 필요합니다.

그런데 코스페이시스 에듀에서 자료를 작성할 때 오브젝트가 다른 오브젝트에 자동으로 붙도록 만들 수 있습니다. 바로 "자석 기능"입니다. 자석 기능에서 "아이템에 붙이기" 기능을 활성화하면 자동으로 오브젝트가 다른 오브젝트에 붙습니다.

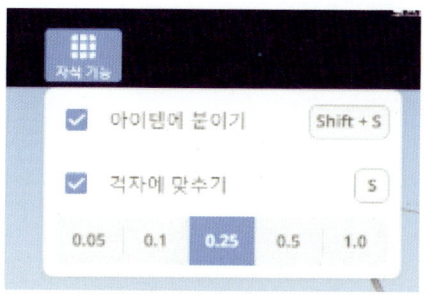

자석 기능의 메뉴

예를 들어 화면의 소파를 멀지 큐브4)의 한 면에 가까이 가면 자동으로 면의 방향에 따라 소파가 이동합니다.

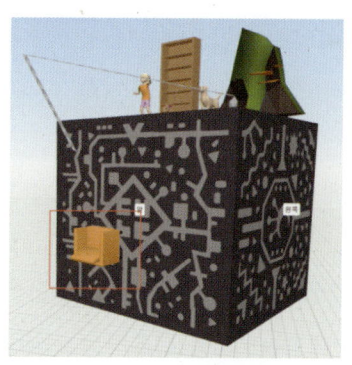

코스페이시스에서 소파가 멀지 큐브 면을 따라 이동하는 모습

---

4) 정육면체 모양의 AR 마커

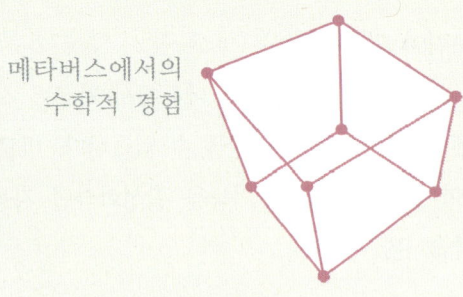

메타버스에서의
수학적 경험

05
메타버스에서의 지도법5)

TPACK

   메타버스에서 활용할 수 있는 교수법 이론 가운데 하나로 TPACK을 들 수 있습니다. TPACK은 메타버스와 같은 테크놀로지를 활용하여 교육을 하는 경우에 테크놀로지와 교육적 지식의 관계를 어떻게 이해하야 하는지 보여주는 이론입니다.

   Niess는 자신의 연구에서 수업에 테크놀로지를 활용하는 선생님을 돕기 위해 지식, 교수법, 테크놀로지의 세 영역을 통합하여 TPCK라고 하였습니다. 이후 Koehler와 Mishra는 2008년에 TPCK를 개선하여 TPACK이라고 하였습니다. 이 과정에서 그들은 테크놀로지를 활용하는 선생님이 가지는 지식을 일곱 가지 요인으로 분석하였습니다. 그 일곱 가지 요인은 내용 지식(CK), 교수학적 지식(PK), 테크놀로지 지식(TK), 그리고 각각의 영역이 중첩된 영역인 교수학

---

5) 여기에서는 메타버스에서의 교육에 관련된 다양한 교수·학습 이론에 대하여 제시합니다.

적 내용 지식(PCK), 테크놀로지 교수학적 지식(TPK), 테크놀로지 내용 지식(TCK), 테크놀로지 교수학적 내용 지식(TPACK)입니다.

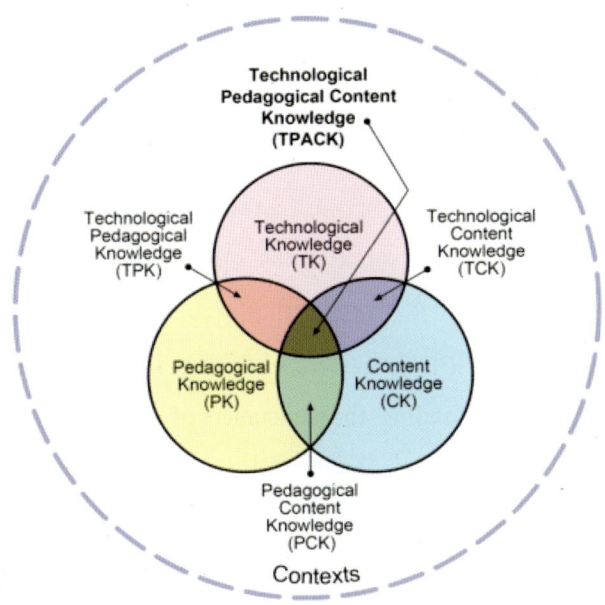

Koehler와 Mishra가 제시한 TPACK 이론적 틀

TPACK 이론에 따르면 선생님이 테크놀로지를 활용하여 효율적으로 가르치려면 PK(교수학적 지식), CK(내용 지식), TK(테크놀로지 지식)의 상호작용을 이해하고 이를 통합적으로 사용할 수 있어야 합니다. 이때 선생님은 자신이 가르치는 학생, 가르칠 내용, 교수법에 따라 유연하게 테크놀로지를 활용할 수 있어야 합니다. 즉, 메타버스를 활용하는 경우, 선생님이 메타버스의 특성을 잘 이해하고, 자신이 가르치려는 내용에 따라 메타버스를 적절히 구성할 줄 알아야 합니다. 따라서 앞으로는 선생님이 메타버스에 대한 TPACK을 적절히 갖추어야 한다는 것을 알 수 있습니다.

반응적 교수법

반응적 교수법(Responsive Teaching)이란 선생님이 학생의 아이디어를 이끌어내고 이를 바탕으로 수업을 진행하는 교수법을 말합니다. 이 교수법은 메타버스에서의 수업 상황에서 매우 유용하게 활용될 수 있습니다. 이는 메타버스에서 학생들에게 무한한 자유가 주어지고 선생님은 큐레이터의 역할을 수행해야 하기 때문입니다.

반응적 교수법에서는 학생이 제기하는 아이디어에 따라 수업이 진행되기 때문에, 선생님은 미리 작성된 수업 지도안에 의해서 수업을 진행하지 않습니다. 따라서 반응적 교수법이 적용된 교실에서 학생은 진정한 참가자가 됩니다.

반응적 교수법은 세 가지 단계로 이루어져 있습니다. 첫째는 학생의 생각을 전경에 드러내기(Foregrounding the substance of students' idea)입니다. 이것은 선생님이 학생의 관점에서 그들이 말하려고 하는 것을 이해하려는 과정에서 일어납니다. 둘째는 학생의 생각에서 학문적 관계 인식하기(Recognizing the disciplinary connections within students' idea)입니다. 이것은 교사가 학문과 학생의 아이디어 사이의 결합에 주의를 기울이는 것으로서, 장차 학문적으로 발전할 수 있는 자원을 발견하는 것입니다. 셋째는 학생 사고의 본질에 대하여 추구(Taking up the pursuing the substance of student thinking)하는 것입니다. 이것은 학생 생각에 대한 생산적인 해석이 표면화되는 것입니다. 이 과정에서 학생들은 다른 학생들의 아이디어를 평가하거나 자신의 아이디어를 검증하기 위한 실험을 설계하게 됩니다.

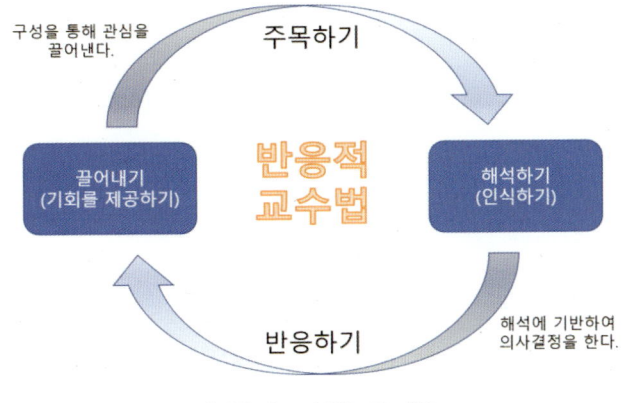

"반응적 교수법"의 개요

　이와 같은 반응적 교수법을 메타버스에서의 교육에 적용하면 다음과 같은 효과를 기대할 수 있습니다.
　첫째, 메타버스에서는 학생의 참여가 강조되며, 이 가운데 반응적 교수법이 사용된다면, 학생들의 동등한 참여를 촉진시키며 소외되는 학생을 만들지 않을 수 있습니다.
　둘째, 메타버스에서는 학생의 생각이 구현될 수 있기 때문에 반응적 교수법이 사용된다면 학생에 대한 형성평가를 자연스럽게 진행할 수 있습니다.
　셋째, 메타버스에서 학생의 활동을 활성화할 수 있기 때문에, 반응적 교수법이 사용된다면 학생에게 개념 이해와 이를 활용한 실행에 참여하는 기회를 제공할 수 있습니다.
　따라서 메타버스에서 학생이 중심이 되는 교육을 실행하고자 한다면, 반응적 교수법에 주목하고 이를 자신의 메타버스 수업에 적용할 수 있는 실천이 필요합니다.

모델링

모델(Model)이란 일상생활에서 자주 사용되는 말이지만 그 뜻은 정말 다양합니다. Giere는 모델을 만드는 사람의 의도와 목적에 따라 표현된 것이라고 하였습니다. 하지만 이 정의는 상당히 광범위하기 때문에 그리 유용하지 않습니다.

모델은 크게 정신 모델(Mental Model)과 개념 모델(Conceptual Model)로 나눌 수 있습니다. 정신 모델이란 자연 현상을 패턴 등으로 설명하기 위해 기존의 경험을 토대로 형성된 것입니다. 이와는 달리 개념 모델은 마음속에 가지고 있는 가상 모형을 외부로 구체화한 것으로 시각화가 가능합니다.

제가 갑자기 모델에 대한 복잡한 이야기를 드린 이유는 메타버스에서의 창의적 활동이 모델링 활동과 관련이 있기 때문입니다. 메타버스에서는 모델링 활동을 통해서 원하는 현상을 시각적으로 표현할 수 있으며, 이를 바탕으로 미래를 예측할 수도 있습니다. 메타버스에서의 모델링 활동을 통해서 학생은 자신의 주변 현상을 지식과 연결할 수 있습니다.

수학적 모델링

수학적 모델링은 실제 상황이나 복잡한 시스템을 "수학적"으로 해석, 검증, 일반화하는 과정을 말합니다. 앞에서 설명했던 모델링의 과정에 "수학"이라는 관점이 추가된 것으로 볼 수 있습니다. 수학적 모델링의 과정은 현실 상황에 대한 비판으로부터 시작됩니다. 그 다음 (1) 과제의 이해, (2) 단순화/구조화, (3) 수학화, (4) 수학적으로 작업하기, (5) 해석, (6) 검증, (7) 제시라는 모델링의 사이클이 나타납니다. 이는 수학적 모델링의 7단계로 매우 잘 알려져 있습니다. 메타버스에서 수학적 현상에 대하여 학생이 탐구하기 위해서는 수학적 모델링의 과정을 거쳐야만 합니다.

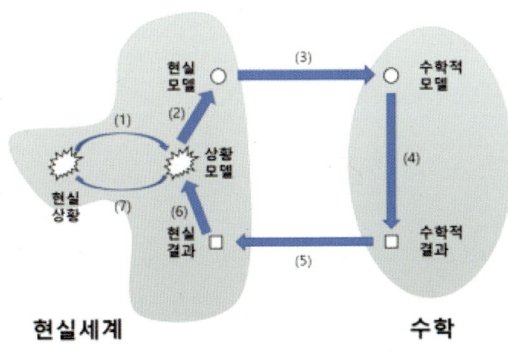

수학적 모델링의 과정

　　메타버스에서의 수학적 모델링의 사례를 소개하고자 합니다. 이때 지오지브라는 수학적 가상 공간으로 볼 수 있으며, 지오지브라를 메타버스 플랫폼의 하나라고 해석했습니다. El Bedewy는 수학적 모델링의 과정을 활용하여 현실 속의 다양한 건축물 모델을 수학적으로 분석하고 3D 소프트웨어로 구현하는 교육과정을 개발하였습니다. 이때 학생들은 실제 사물에 대한 수학적 모델(디지털 모델)을 구성하는 과정에서 수학적 공식을 탐구하였습니다. 이는 3차원 공간에서 이루어지는 수학적 모델링으로 이후에 증강현실로 학생이 체험할 수 있습니다. 따라서 이는 메타버스에서의 수학적 모델링 사례로 볼 수 있습니다.

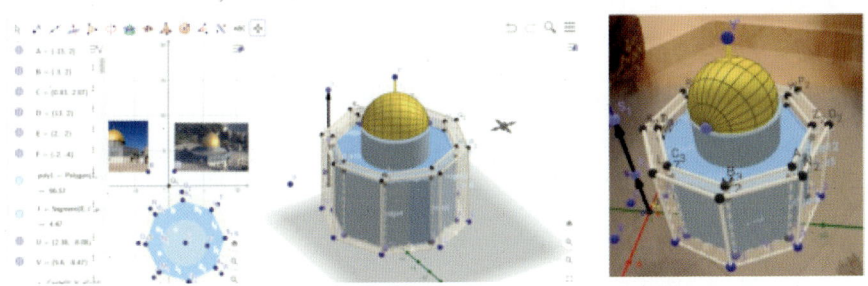

El Bedewy가 제시한 모스크 건물을 지오지브라에서 수학적 모델링 한 모습

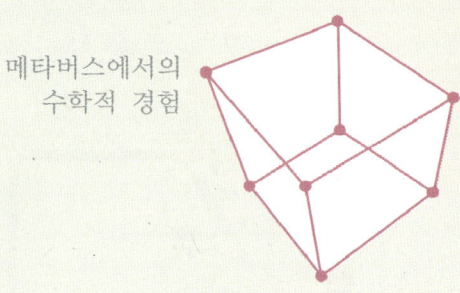

메타버스에서의
수학적 경험

06
메타버스와 입체

 5장 마지막에서 소개했던 El Bedewy의 교육 프로그램 사례는 지금까지 컴퓨터를 활용한 수학적 모델링 활동이 메타버스에서의 수학적 모델링 활동으로 해석될 수 있는 징검다리 역할을 합니다. 이제부터 저는 메타버스에서 활용할 수 있는 수학 자료 개발에 대하여 이야기하려고 합니다. 물론 2차원에서의 모델링도 메타버스에서의 수학적 모델링 활동 사례로 제시될 수 있지만, 학생이 증강현실까지 경험할 수 있도록 하기 위하여 3차원 수학적 모델링 사례를 위주로 소개하고자 합니다.

 먼저 수학 교과서에서 종종 제시되는 정육면체의 절단면을 모델링하는 방법에 대하여 알아보겠습니다. 예를 들어 아래와 같은 문제가 있다고 가정하겠습니다.

정육면체를 평면으로 절단히면 니타나는 도형을 모두 제시하시오.

이 경우 3차원 공간에서 정육면체를 그리고 절단해 보는 것이 좋을 것입니다. 정육면체를 평면으로 절단할 때 나타나는 절단면을 구하는 방법을 지오지브라의 3차원 기하창[6]을 기준으로 설명하겠습니다.

① 메뉴의 **보기 - 3차원 기하창**을 클릭하면 3차원 기하창이 나타납니다.

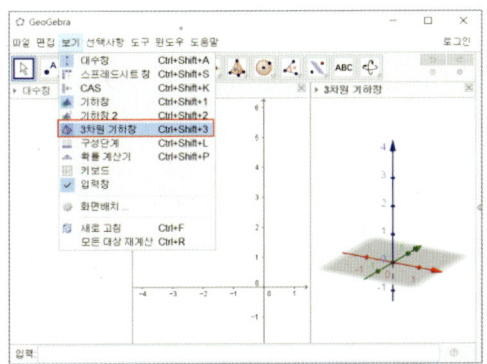

② 점 (0, 0), (1, 0)을 꼭짓점으로 갖는 정육면체를 만들려면 입력창에 다음과 같이 차례로 입력합니다.

```
1  A = ( 0 , 0 , 0 )  Enter↵
2  B = ( 1 , 0 , 0 )  Enter↵
3  정6면체( A , B )  Enter↵
```

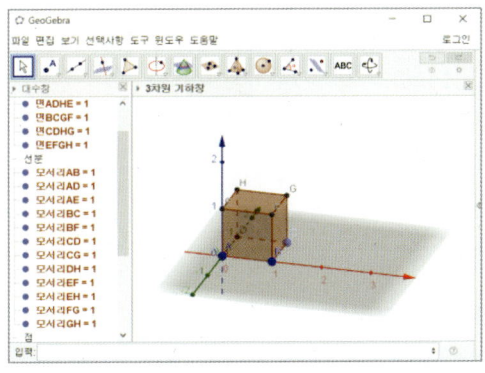

---

6) 이때의 지오지브라 버전은 "지오지브라 클래식 5"입니다.

③ 점 도구를 선택한 후 정육면체의 세 면을 클릭하면 세 점이 생깁니다.

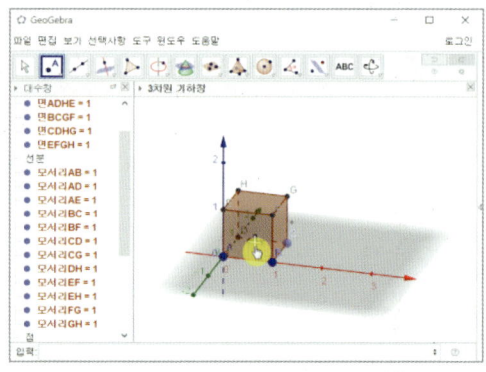

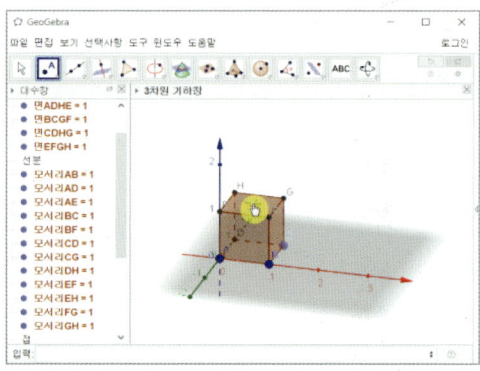

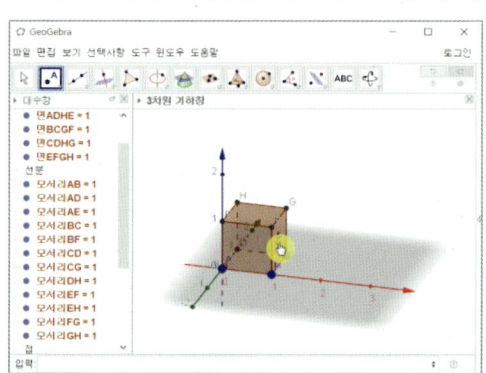

④ **세 점을 지나는 평면** 도구를 선택한 후 정육면체의 면 위에 찍힌 3점을 클릭하여 평면을 만듭니다.

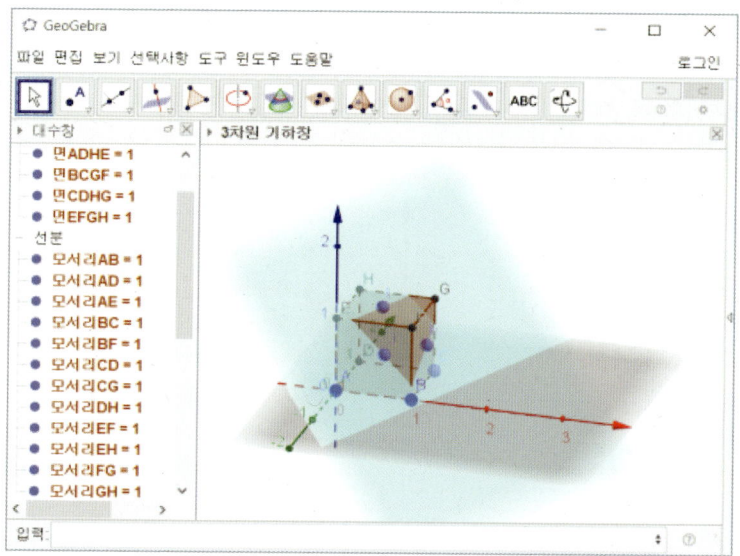

⑤ **교선** 도구를 선택한 후 평면과 정육면체를 차례로 클릭하면 교선이 나타납니다.

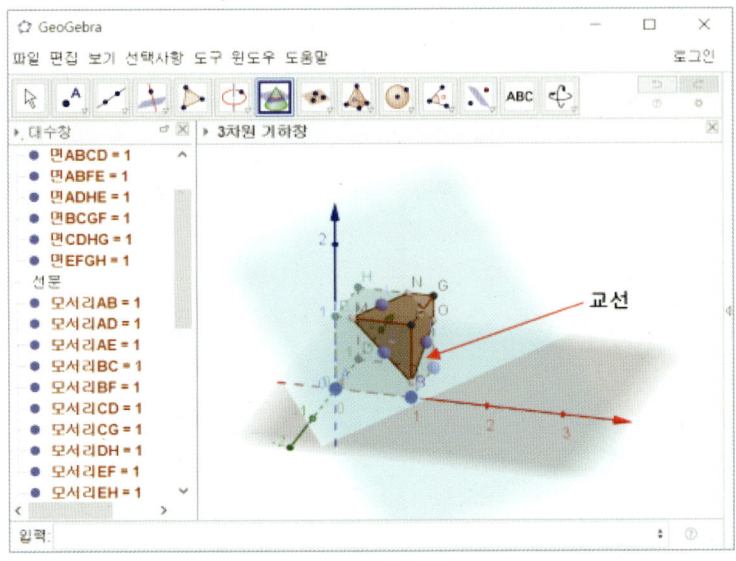

⑥ **이동** 도구를 선택한 후 마우스로 정육면체 위의 면에 있는 점을 드래그하면 다양한 절단면을 관찰할 수 있습니다.

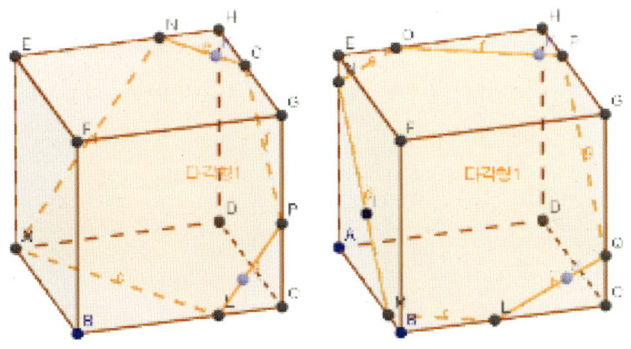

⑦ 정육면체를 절단하기 위해 만든 평면 위에서 마우스 오른쪽 버튼을 클릭하면 **2차원 기하창으로 ~ 보이기**라는 메뉴가 있습니다. 이 메뉴를 선택하면 절단면을 명확히 볼 수 있습니다.

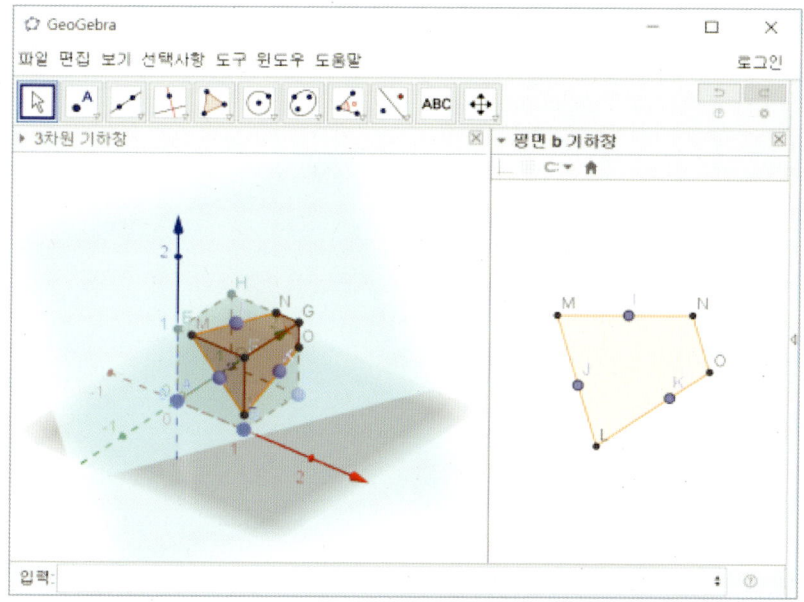

정육면체의 절단면은 2차원 종이 위에 그림을 그려서는 이해하기가 쉽지 않은 측면이 있습니다. 이때 3차원에서의 모델링은 수학 문제 해결에 큰 도움을 줄 수 있습니다. 이와 같은 활동은 학생에 의해서 이루어져야 의미가 있고, 이것이 바로 메타버스에서의 수학적 모델링 활동이라고 할 수 있는 것입니다.

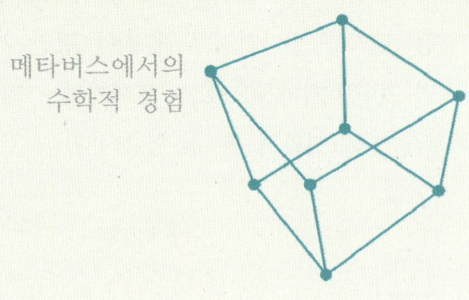

메타버스에서의
수학적 경험

07
메타버스와 이차곡선

6장과 유사한 사례를 하나 더 소개하고자 합니다. 이번에는 원뿔의 절단면에 대하여 알아보겠습니다. 제시된 수학적 내용에 대해서 탐구하는 수학 실험 상황을 가정하겠습니다.

무한원뿔을 평면으로 절단하면 이차곡선(원, 타원, 포물선, 쌍곡선)이 나타난다.

이 내용을 보여주려고 실물인 원뿔 모형을 절단하는 것은 상당히 비효율적입니다. 이제 지오지브라에서 무한원뿔을 만들고 그 무한원뿔의 절단면을 관찰하겠습니다.

① 3차원 기하창에 점 A는 꼭짓점, 모선과 축의 각은 $\dfrac{\pi}{4}$이며, 축의 방향벡터 v에 대하여 무한히 뻗어가는 원뿔을 만들려면 입력창에 다음과 같이 차례로 입력합니다.

```
1   A = ( 0 , 0 , 0 )  Enter↵
2   v = ( 0 , 0 , 1 )  Enter↵
3   무한원뿔( A , v , pi / 4 )  Enter↵
```

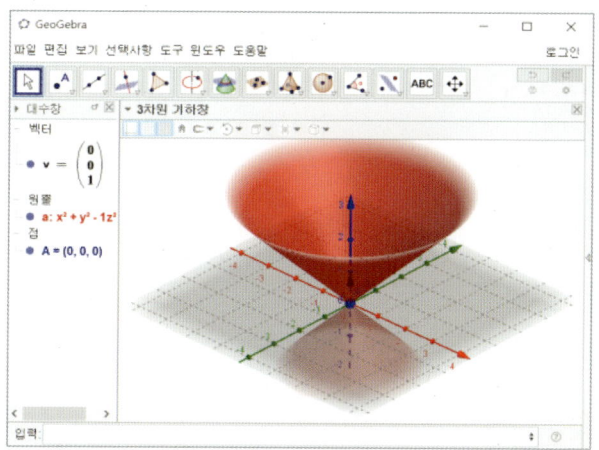

② 점 도구를 선택한 후 한 평면 위에 있지 않도록 세 점을 만듭니다.

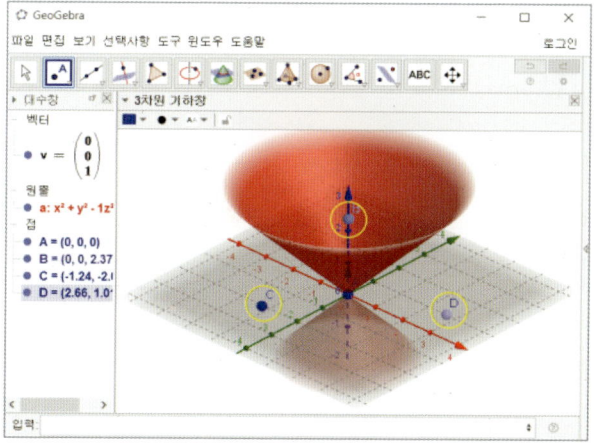

메타버스와 이차곡선 ■ 67

③ **세 점을 지나는 평면** 도구를 선택한 후 세 점을 클릭하여 평면을 만듭니다.

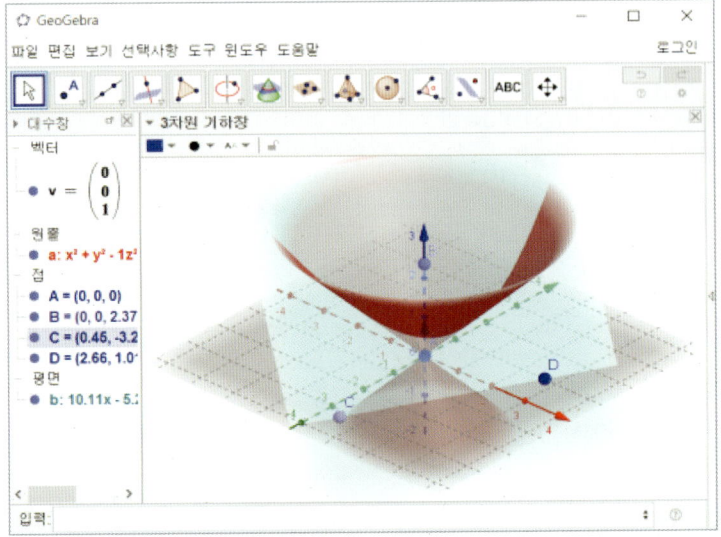

④ **교선** 도구를 선택한 후 평면과 무한원뿔을 차례로 클릭하면 교선이 나타납니다.

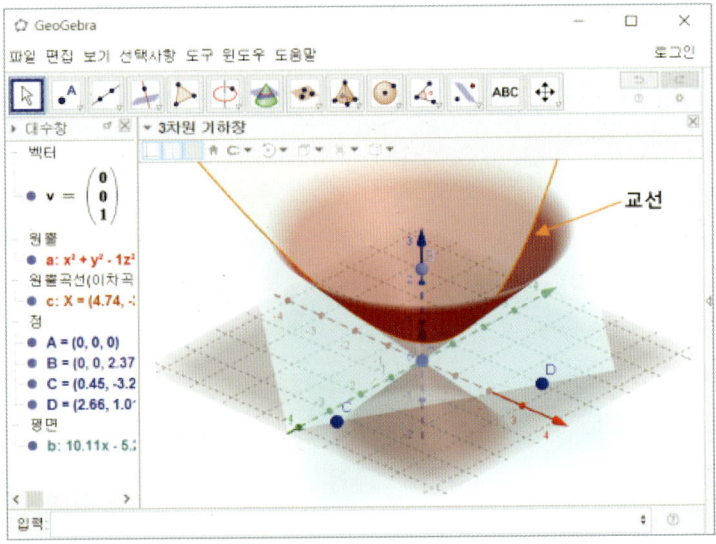

⑤ **이동** ▷ 도구를 선택한 후 마우스로 정육면체 위의 면에 있는 점을 드래그 하면 다양한 절단면을 관찰할 수 있습니다.

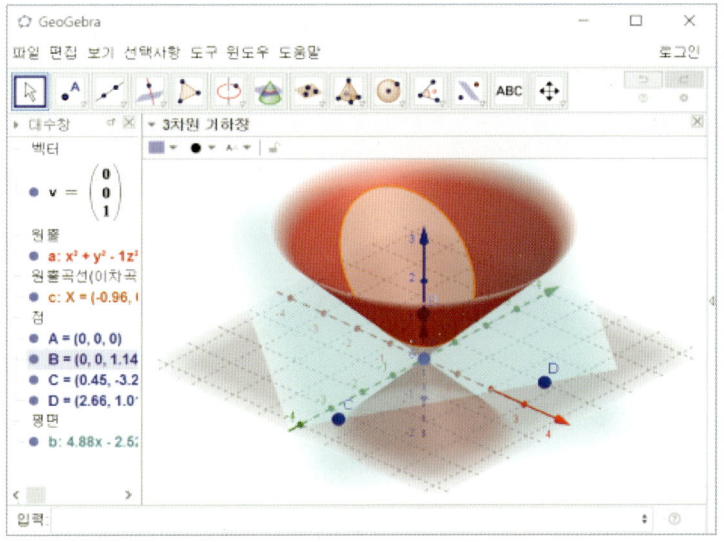

　그리스의 수학자 아폴로니우스는 원, 타원, 포물선, 쌍곡선을 원뿔곡선이라고 이름을 붙였습니다. 그는 원, 타원, 포물선, 쌍곡선을 무한원뿔을 잘라 표현하는 방법을 찾아냈기 때문이었습니다. 당시의 수학은 현재의 수학과는 상당히 달랐습니다. 데카르트 이후에 활발하게 사용된 곡선의 방정식에 대한 지식은 아직 없었습니다. 이런 측면에서 아폴로니우스는 대단한 업적을 남긴 것입니다. 하지만 우리가 아폴로니우스가 사용한 수학적 방법을 그대로 재현할 필요는 없습니다. 그는 좌표나 문자도 없던 시절에 매우 어려운 방법으로 원뿔곡선에 대한 지식을 알아냈기 때문입니다.

　현재를 살아가는 우리는 수학을 경험할 수 있는 방법을 가지고 있습니다. 앞에서 소개한 사례와 같이 지오지브라 3차원 가상공간에서의 수학 실험을 통해서 아폴로니우스의 원뿔곡선에 대한 아이디어를 이해할 수 있습니다.

메타버스에서의
수학적 경험

08
메타버스와 미적분

    메타버스에서 미적분의 아이디어를 이해할 수 있을까요? 고등학교 적분 단원을 공부하면 단면의 모양을 알고 있을 때 부피를 구하는 문제를 접하게 됩니다. 이와 같은 문제를 알고리즘에 의하여 해결하는 것은 그리 어렵지 않습니다. 공식에 따라 식을 세우고 적분값을 구합니다. 하지만 주어진 단면을 갖는 입체도형의 모양이 궁금할 때가 있습니다. 그것은 도저히 종이와 연필로 그리기 어렵습니다. 하지만 메타버스에서의 수학적 모델링은 그와 같은 도형을 이해하기 쉽게 도와줍니다.

문제

좌표공간에서 $0 \leq x \leq \dfrac{\pi}{2}$일 때 두 점 $P(x, 0, \cos^2 x)$, $Q(x, 1-\sin(x), 0)$을 연결하는 직선이 움직여 생기는 곡면과 세 좌표평면으로 둘러싸인 입체의 부피 V를 구하여라.

단면의 자취로 입체의 모양 예상하기

주어진 문제의 단면을 만들려면 지오지브라에 다음과 같이 입력합니다.

```
1   R = ( a , 0 , 0 )  Enter↵
```

이와 같이 입력하면 지오지브라에서는 a라는 변수가 없는 상태이므로 슬라이더 만들기 대화상자가 슬라이더를 만들 것인가 물어봅니다. 슬라이더 만들기 버튼을 클릭합니다.

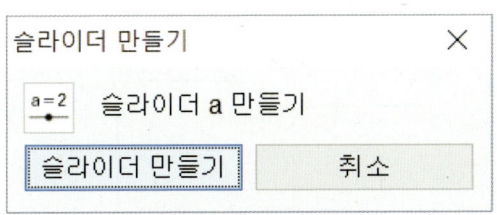

슬라이더 만들기 대화상자

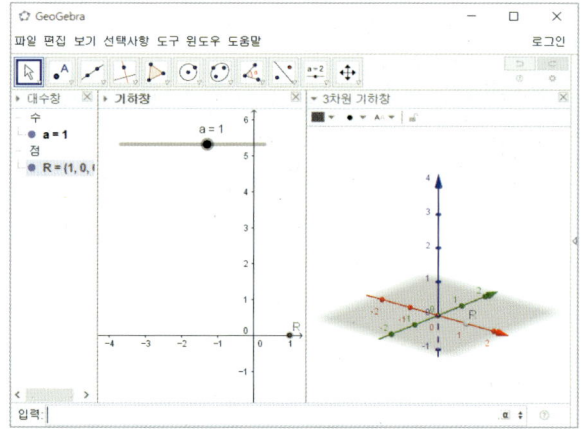

슬라이더와 점이 만들어진 모습

다음으로 점 **P**, **Q**를 만들고 다각형 **PQR**을 정의합니다.

1　P = (a , 0 , cos(a)^2)　Enter↵
2　Q = (a , 1 - sin(a) , 0)　Enter↵
3　다각형(P , Q , R)　Enter↵

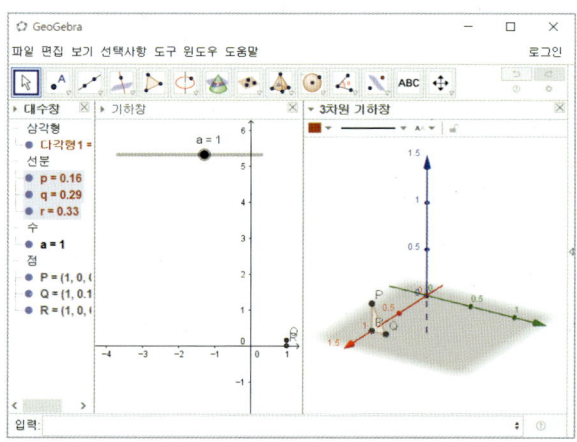

다각형 PQR을 정의한 모습

72 ■ 메타버스에서의 수학적 경험

문제에서는 $0 \leq x \leq \frac{\pi}{2}$ 라고 제시하였으므로 t의 범위를 제한하는 것이 필요합니다. 슬라이더 t위에서 마우스 오른쪽 버튼을 클릭한 후 **설정사항...**을 선택합니다. **설정사항** 대화상자의 슬라이더 탭에 다음과 같이 입력합니다.

최솟값: 0 [Enter↵]
최댓값: pi / 2 [Enter↵]

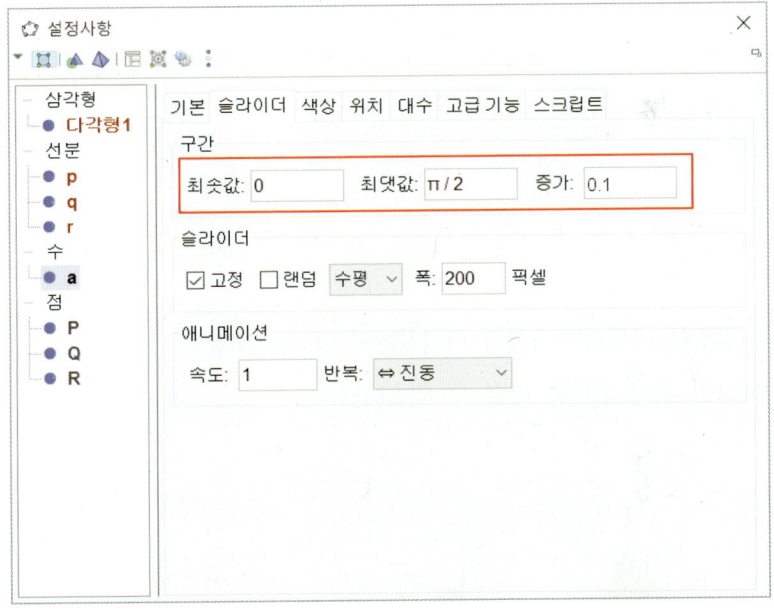

설정사항 대화상자

다각형 **PQR** 위에서 마우스 오른쪽 버튼을 클릭한 후 **자취 보이기**를 선택합니다.7) 그 다음으로 슬라이더를 움직이면 단면의 자취가 남아 입체의 모양을 예상할 수 있습니다.

---

7) 선택이 잘 되지 않을 경우 대수창을 클릭하여 설정할 수 있습니다.

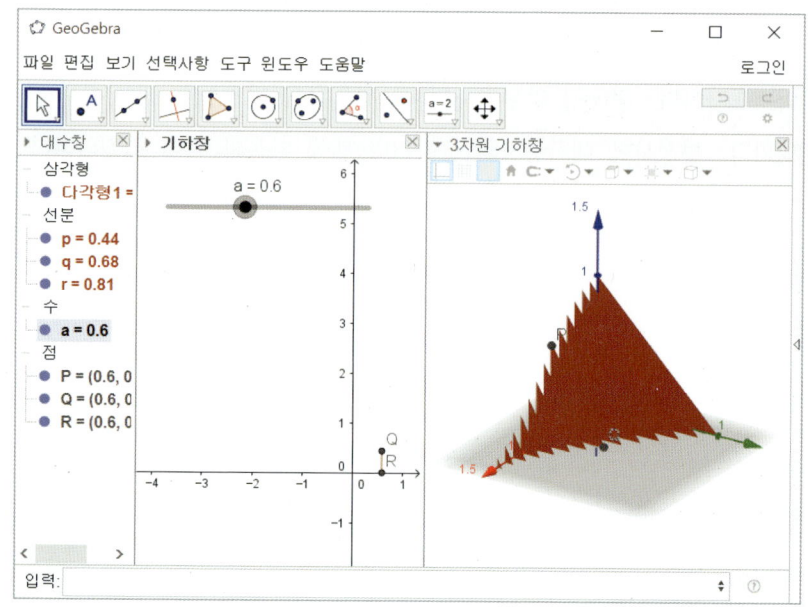

슬라이더를 움직여 자취를 남긴 모습

관찰 방향을 바꾸려면 3차원 기하창에서 마우스 오른쪽 버튼을 누른 채 드래그 하면 관찰 방향을 바꿀 수 있습니다.

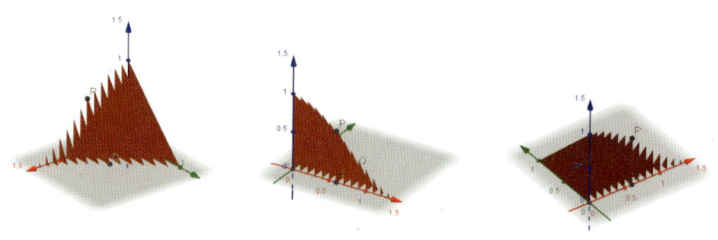

관찰 방향을 바꾸어 본 모습

단면의 자취를 더 촘촘하게 보고 싶으면 슬라이더의 증가 간격을 작게 설정하면 됩니다. 슬라이더 위에서 마우스 오른쪽 버튼을 클릭하여 나타나는 **설정사항** 대화상자의 **슬라이더** 탭에서 증가를 0.01로 설정하면 더 촘촘한 그림을 볼 수 있습니다.

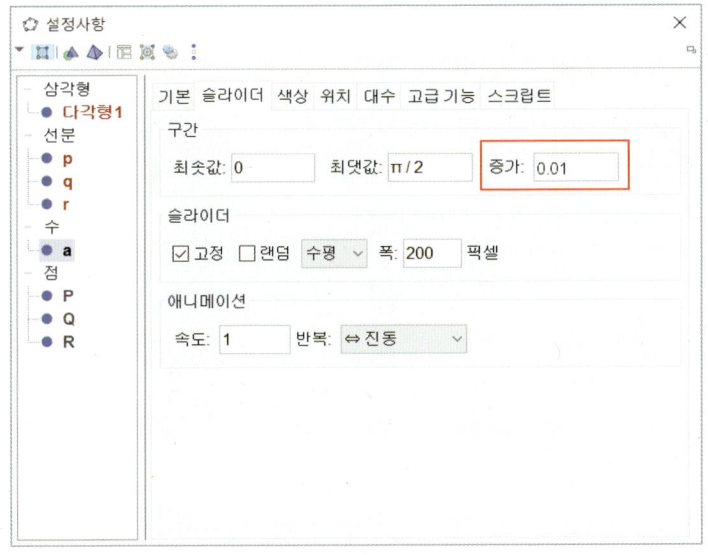

슬라이더 탭의 증가 0.01

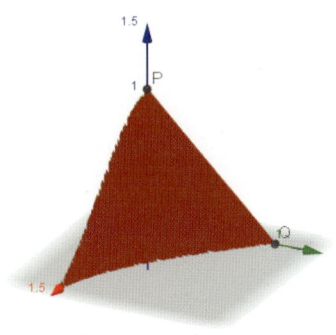

증가 0.01로 설정하였을 때의 자취

현재의 미적분은 수학에서 어려움이 상징이 되어버렸습니다. 그래서 미적분을 가르쳐야 하는지에 대한 논란이 많습니다. 하지만 미적분이 뉴턴과 라이프니츠에 의해서 발견되던 당시에는 매우 어려운 계산을 쉽게 해결할 수 있는 새로운 계산법으로 인식되었습니다. 메타버스에서의 수학적 모델링 활동을 통해 학생들에게 미적분의 아이디어를 한 번 더 생각하게 하고, 이를 통해 미적분 계산법의 '고마움'을 이해할 수 있도록 하는 것이 중요하지 않을까요? 미적분 계산법의 아이디어에 대한 이해는 학생들이 미래 사회를 살아나가는 데 큰 도움을 줄 수 있을 것입니다. 앞으로의 사회에서는 인공지능, 메타버스와 같은 디지털 테크놀로지가 중심이 될 것이고, 디지털 테크놀로지를 움직이는 힘은 바로 수학적 아이디어에 있기 때문입니다.

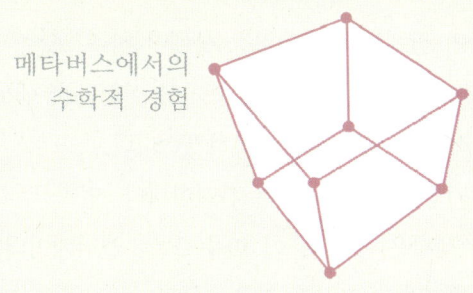

메타버스에서의
수학적 경험

9
메타버스와 물리 가상 실험

다음으로 메타버스에서 수학과 관련된 융합 주제의 모델링에 대해서 이야기하고자 합니다. 수학과 과학의 융합 사례로 빛의 반사에 관련된 가상 실험에 대하여 생각해 보겠습니다. 보통 빛은 직진한다고 합니다. 그리고 물체에 부딪히면 빛은 반사되어 경로가 꺾입니다. 이때 반사면에 수직인 직선에 대하여 들어간(입사된) 각도와 나가는(반사된) 각도가 동일하다는 것이 알려져 있습니다.[8]

하지만 빛의 경로를 작도에 의해서 찾는 것은 현재 교육과정에서는 되도록 피하고 있습니다. 이는 작도의 과정이 번거롭다고 생각하고 빛의 경로를 구하는 작도를 학생에게 제시하지 않기로 했기 때문입니다. 하지만 빛의 경로를 파악하는 작도를 하지 않는다면 학생들은 빛의 경로에 관련하여 지식을 단순히 암기할 수 밖에 없습니다. 저도 여러 학생에게 물어본 결과 거울의 상과 관련하여 잘못된 지식을 갖고 있었습니다.

---

8) 이는 빛이 최단 경로로 나아간다는 것과 같은 내용이라고 볼 수 있습니다.

이 장에서는 메타버스 상에서 마주 보는 두 평면거울 사이에서 나타나는 상(Image)을 이해하기 위한 가상 실험을 수행하고자 합니다. 이 과정에서 지오지브라 소프트웨어를 사용하겠습니다.

가상 실험의 과제는 간단합니다. 먼저 두 거울을 마주보게 배치합니다. 이러한 상황은 두 거울이 마주 보는 엘리베이터에서 종종 관찰됩니다. 만일 실제 거울이라면 그림과 같은 상황을 생각하면 되겠죠?

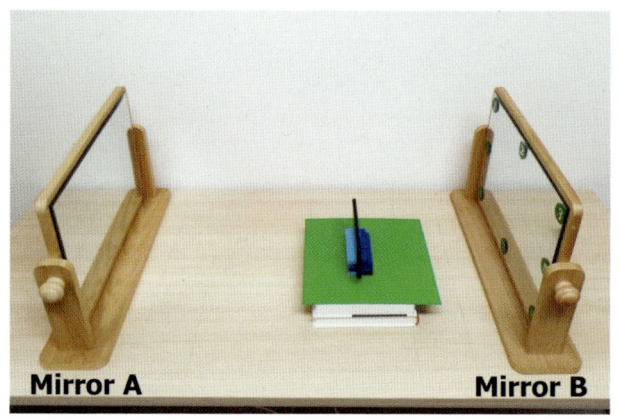

두 거울을 배치하고 가운데 스마트폰을 위치시킨 모습

Mirror B의 모습

그림에서 볼 수 있는 것과 같이 스마트폰 카메라가 Mirror A를 향하고 있습니다. 이때 Mirror B의 숫자 2가 관찰자의 눈에 어떻게 들어올지에 대한 가상 실험하겠습니다.

지오지브라에서 가상 실험을 위한 모델링 과정을 소개합니다.

① 지오지브라에서 거울을 나타내는 두 선분을 만들고 카메라의 위치인 점 E를 표시합니다. 그다음 반직선으로 빛의 경로를 표현합니다. 이때 반직선 DF인 빛은 선분 AB에 의해서 대칭된 것입니다.

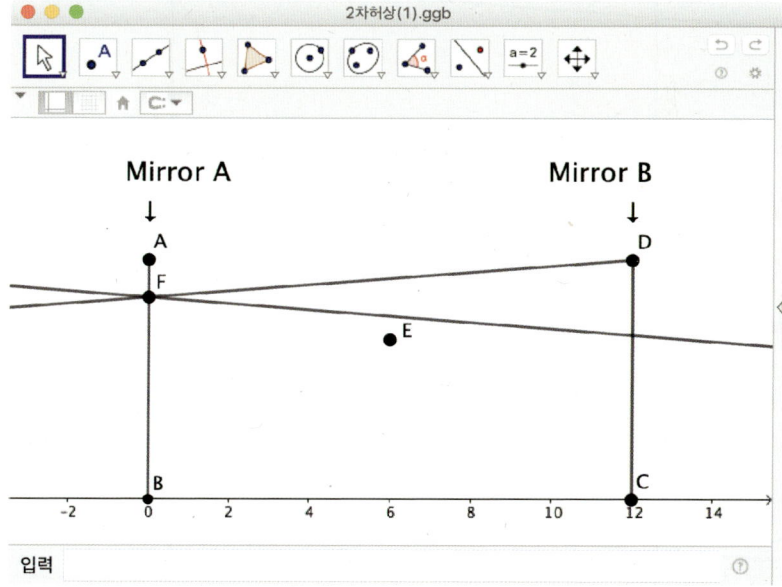

② 반사된 광선을 반복적으로 선분에 대하여 대칭시켜서 빛의 경로를 표현합니다.

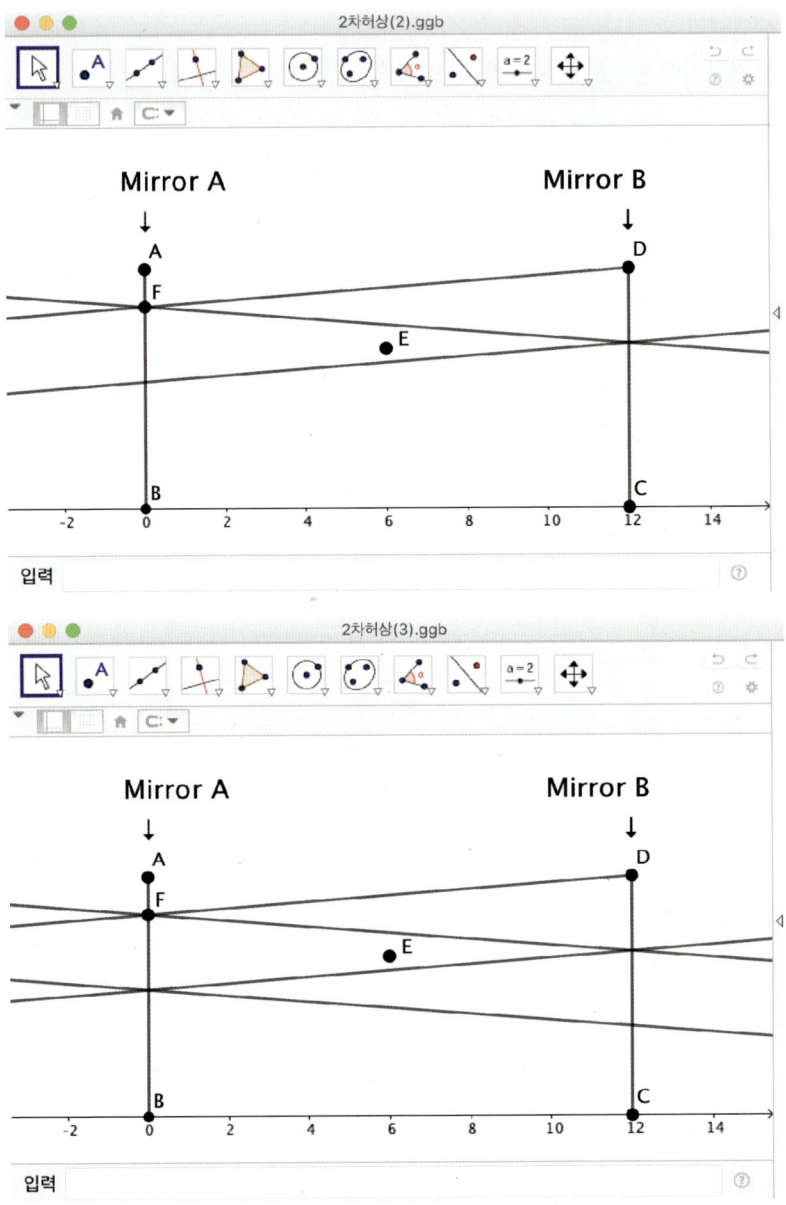

③ 이제 가상 실험을 시작합니다. 점 F를 드래그하여 위치를 이동시켜 카메라의 위치인 점 E를 지나게 합니다. 그렇게 되면 여러 번 반사된 빛이 어떻게 카메라(눈)에 들어오는지를 알 수 있습니다.

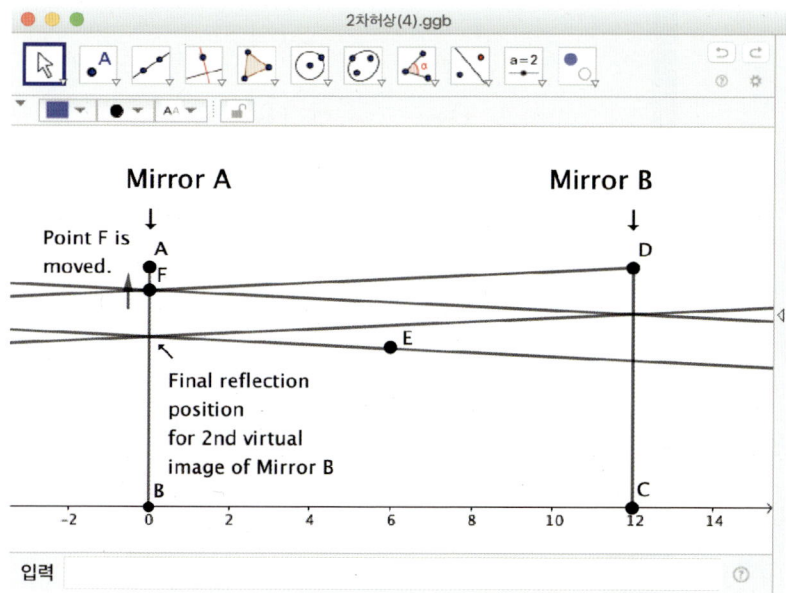

이를 종합하면 다음과 같은 그림으로 나타낼 수 있습니다. 이때, Q4, P2와 같은 위치가 바로 숫자 2가 나타나는 위치입니다.

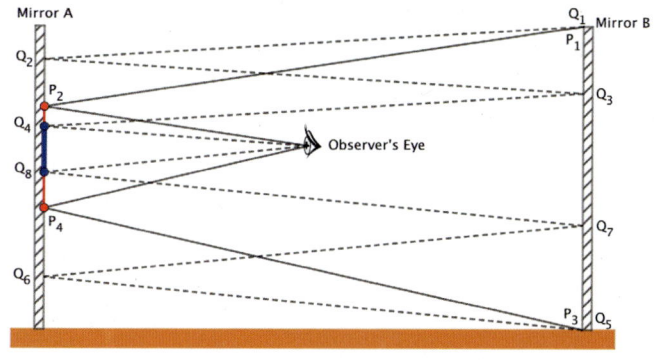

숫자 2가 거울에서 보이는 위치

이에 대하여 지오지브라 3차원에서 가상적으로 환경을 만들 수 있습니다. 그리고 이를 증강현실로 적용해 볼 수 있습니다.

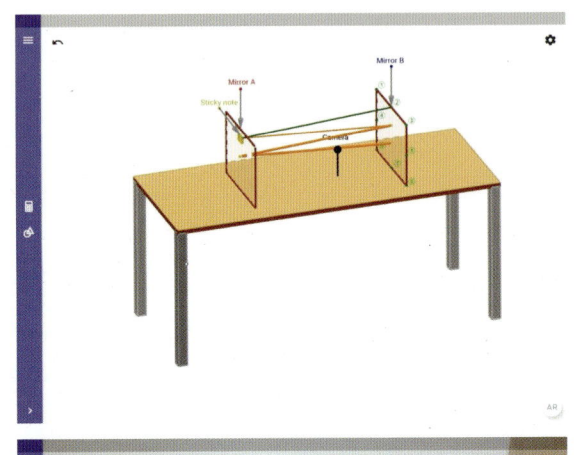

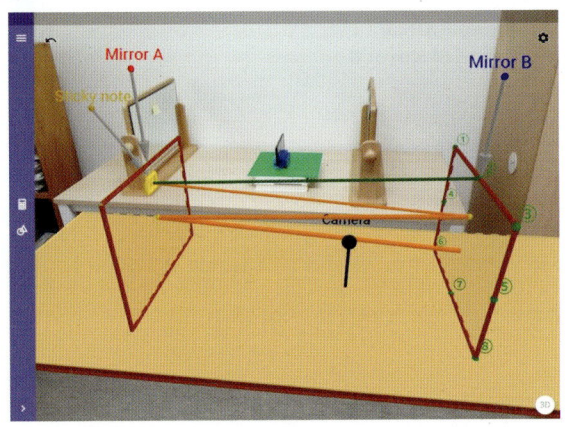

마주 보는 거울의 상을 보여주는 가상 실험과 증강현실

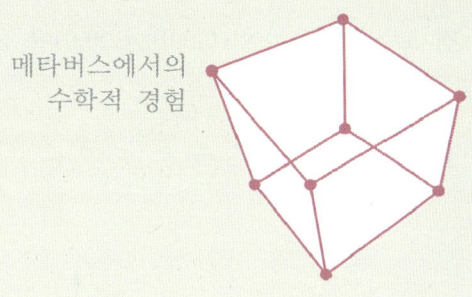

메타버스에서의
수학적 경험

10
메타버스와 화학 모델링

    다음으로는 메타버스에서 수학과 화학 융합 주제의 모델링에 대하여 소개하고자 합니다.

    원자 크기의 개념은 화학 교과서의 다양한 단원에서 다루고 있지만 학생들이 어려워하는 개념입니다. 이는 3차원 공간에서 원자와 같은 대상을 배치하는 능력이 필요하기 때문입니다. 이와 같은 어려움을 해소하기 위해 교과서에서는 스타이로폼 공을 사용하여 직접 붙이고 잘라봄으로써 모델을 통해 학생들이 원자의 결정 구조 및 반경에 대한 구조적 이해를 하도록 하였습니다. 그러나 이러한 공 모델의 실험은 시간이 오래 걸릴 뿐 아니라 학생들의 추상적인 이해에 그리 많은 도움을 주지 못했습니다.

    이 장에서는 지오지브라에서의 수학적 모델링 활동을 통해서 금속의 결정 구조인 단순 입방 구조, 체심 입방 구조, 면심 입방 구조를 만들어보겠습니다. 먼저 단순 입방 구조의 모델링 과정은 다음과 같습니다.

① 점 도구를 사용하여 (0,0,0), (2,0,0)에 점을 찍습니다.

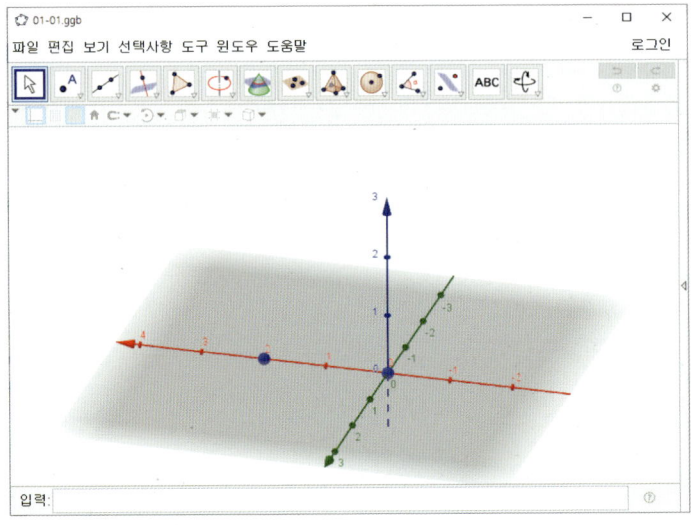

② 정육면체 도구를 선택한 후 두 점 (0,0,0), (2,0,0)을 클릭하면 한 변의 길이가 2인 정육면체가 나타납니다.

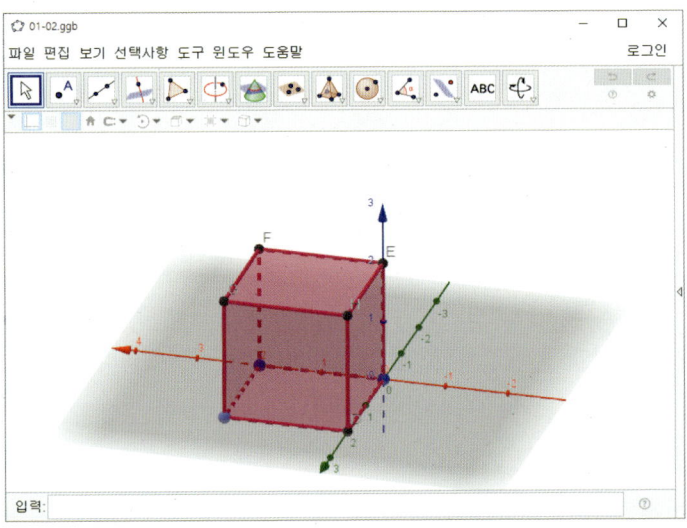

③ 구: 중심과 반지름 도구를 선택한 후 정육면체의 각 꼭짓점을 클릭하고 반지름 1을 입력하면 그림과 같이 구가 나타납니다.

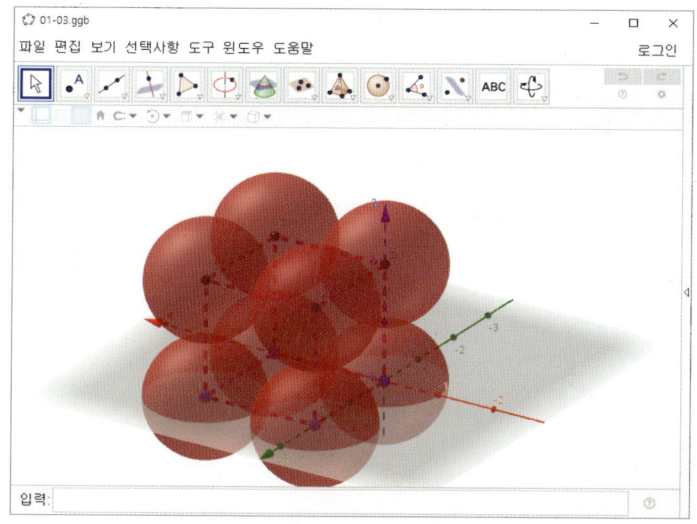

④ 정육면체의 각 꼭짓점에 반지름이 1인 구를 만들고 좌표축과 xy 평면을 감춥니다(결과물 : https://www.geogebra.org/m/rrw6fqnu).

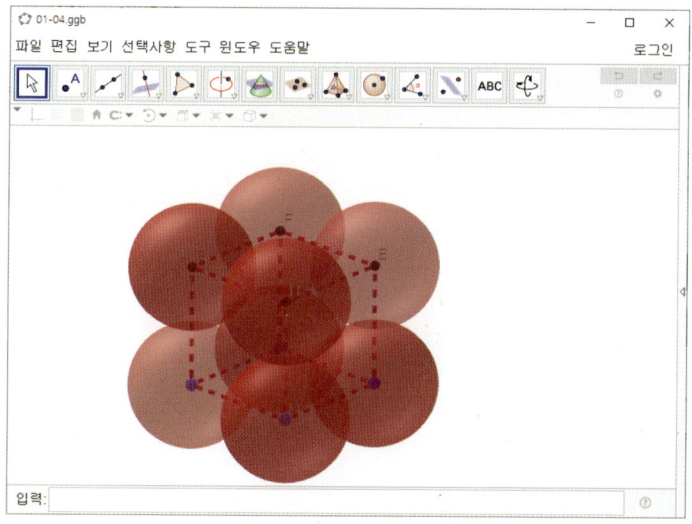

단순 입방 구조보다는 복잡하지만 체심 입방 구조의 모델링 절차도 단순 입방 구조와 비슷합니다.

① 점 도구를 사용하여 (0,0,0), (2,0,0)에 점을 찍은 후, 정육면체 도구를 이용하여 한 변의 길이가 2인 정육면체를 만듭니다.

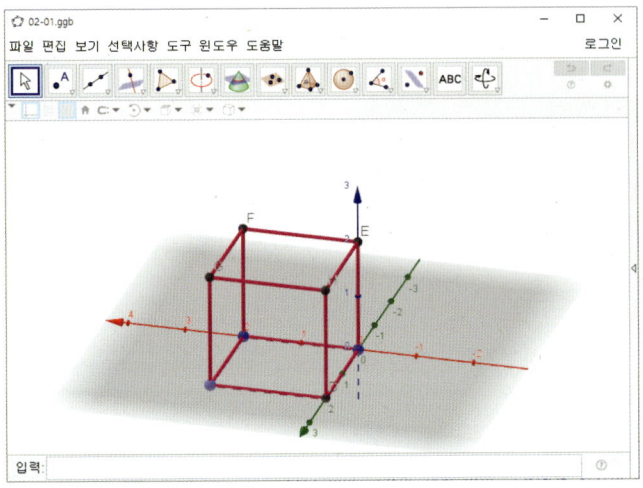

② 선분 도구를 사용하여 정육면체의 대각선(f)을 그립니다. 중점 또는 중심 도구를 사용하여 선분 f의 중점을 만듭니다.

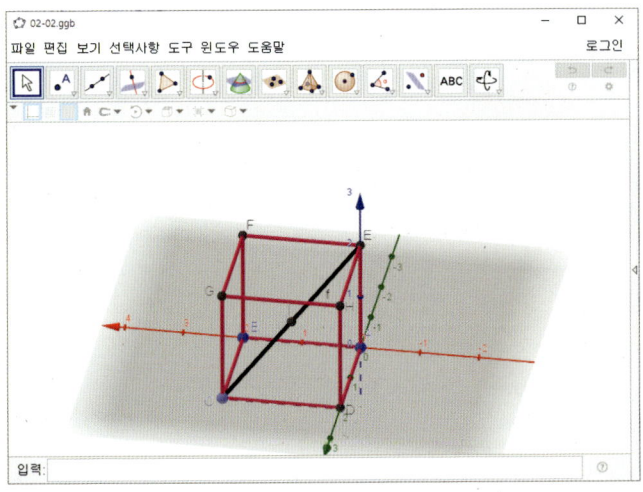

③ 선분 f의 양 끝점과 중점이 세 구의 중심이 되도록 하려면 반지름의 길이는 f/4 가 되어야 합니다. 구: 중심과 반지름 도구를 사용하여 반지름이 f/4인 세 구를 만듭니다.

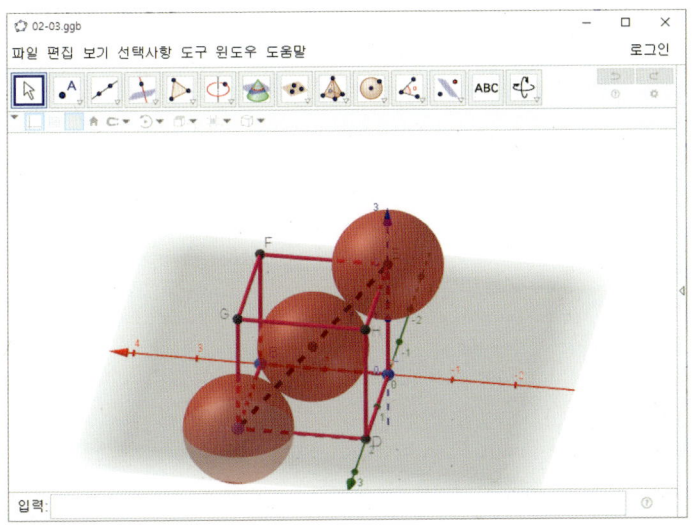

④ 정육면체의 꼭짓점에 반지름이 f/4인 구를 만듭니다(결과물 : https://www.geogebra.org/m/n5anausw).

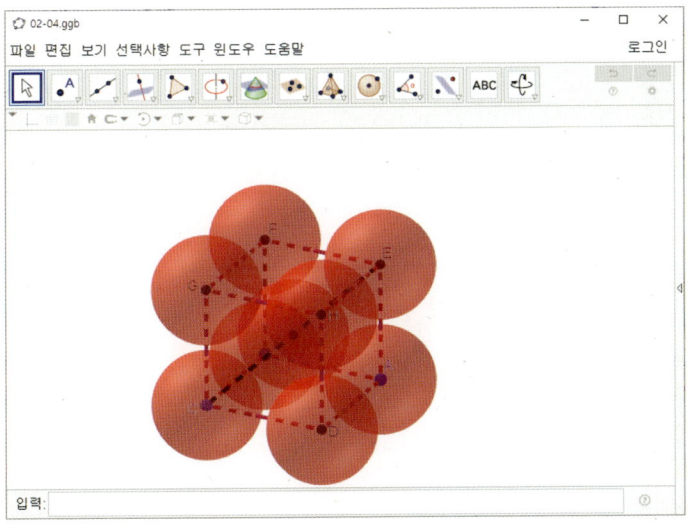

면심 입방 구조의 모델링 절차는 다음과 같습니다.

① 점 도구를 사용하여 (0,0,0), (2,0,0)에 점을 찍은 후, 정육면체 도구를 이용하여 한 변의 길이가 2인 정육면체를 만듭니다.

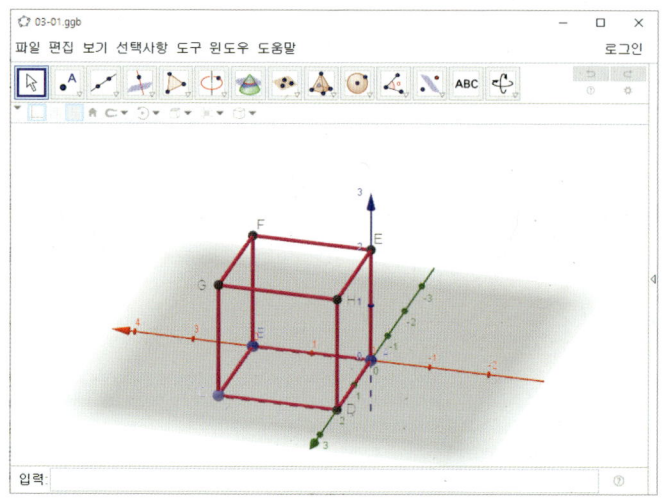

② 선분 도구를 사용하여 정육면체의 한 면의 대각선(f)을 작도합니다. 중점 또는 중심 도구를 사용하여 선분 f의 중점을 만듭니다.

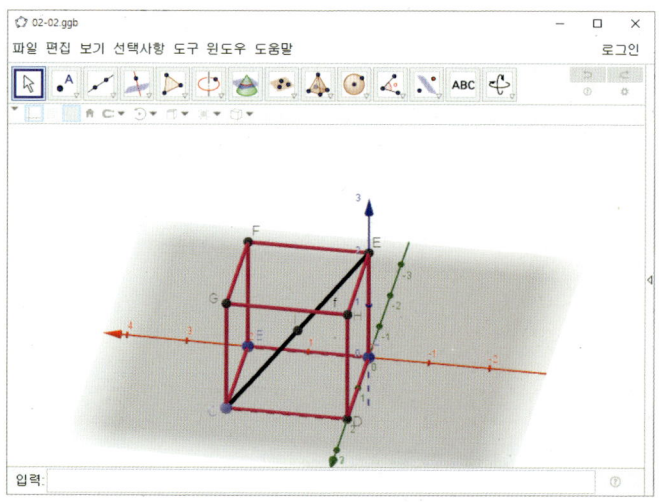

③ 선분 f의 양 끝점과 중점이 세 구의 중심이 되도록 하려면 반지름의 길이는 f/4 가 되어야 합니다. 구: 중심과 반지름 도구를 사용하여 반지름이 f/4인 세 구를 만듭니다.

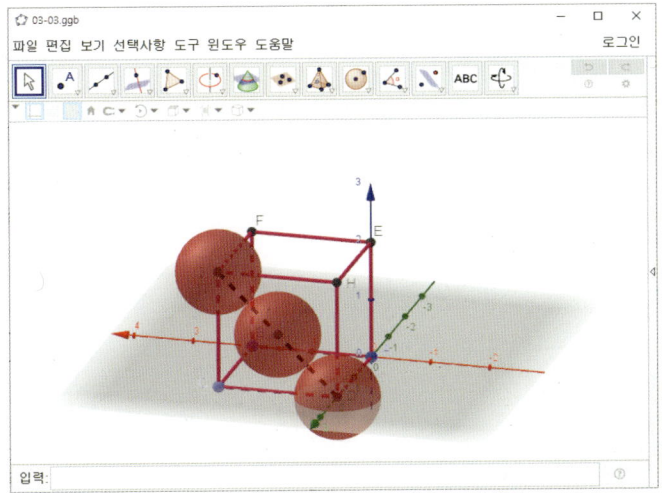

④ 정육면체의 나머지 면에 대각선의 중점을 만들고 반지름이 f/4인 구를 만든 후 좌표축과 xy 평면을 감춥니다(결과물 : https://www.geogebra.org/m/zwwa66xa).

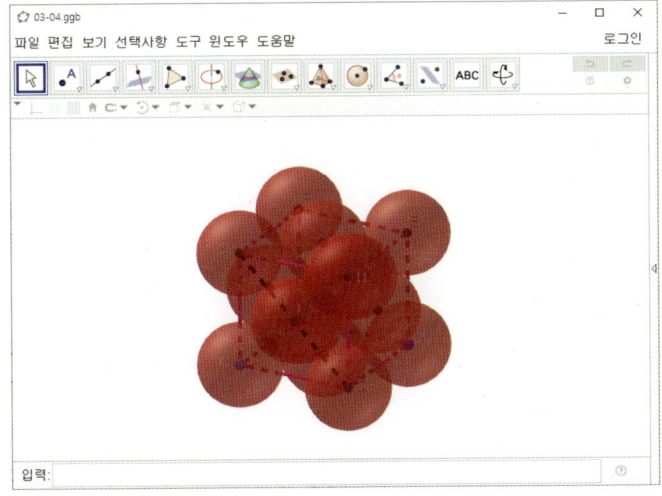

이외에도 다양한 방법으로 금속의 결정구조를 모델링할 수 있습니다. 그림에서는 금속의 결정구조에서의 한 격자 안에 포함된 입자를 나타낸 것입니다. 이처럼 메타버스에서의 수학적 모델링은 다양한 과학 모델을 표현하는 것이 가능합니다. 이후에 지오지브라에서 제작한 체심 입방 구조 모델로부터 STL 파일을 내려받아 3D 프린팅할 수도 있습니다.

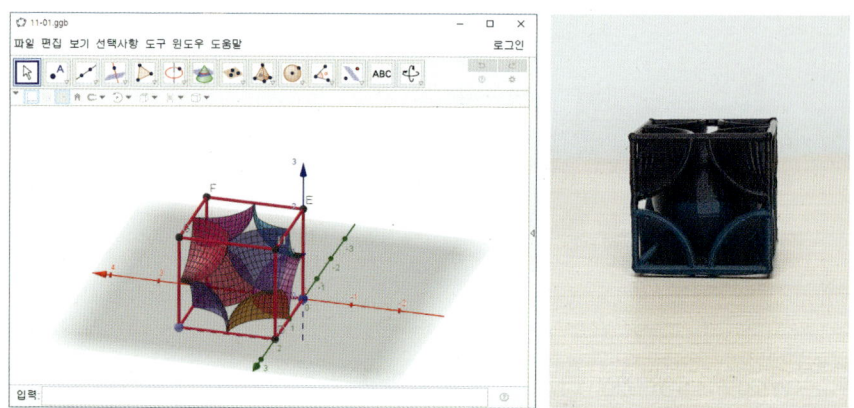

다른 방식으로 모델링된 체심 입방 구조와 3D 출력물

메타버스에서의
수학적 경험

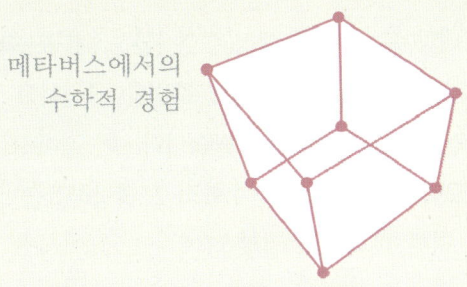

11
메타버스와 태양계 모델링

이번에는 지오지브라를 활용하여 태양계를 모델링 하겠습니다.

태양계 행성의 공전 운동은 태양이 공전궤도의 중심을 나타내는 점으로 행성이 중심으로부터 일정한 거리를 유지하며 원 운동하는 점으로 바꾸어 설명할 수 있습니다.9)

태양계의 행성

---

9) 태양계 행성의 운동은 타원궤도를 그리고 있으나 모델링을 간편하게 하기 위하여 원운동으로 제시하였습니다.

태양계는 8개의 행성(수성, 금성, 지구, 화성, 목성, 토성, 천왕성, 해왕성)으로 구성되어 있으며 태양 주변을 공전하고 있습니다. 각 행성의 공전 주기와 공전 반지름은 다음과 같습니다. 이 장에서는 태양계의 정보를 활용하여 지오지브라에서 태양계를 수학적 모델링하겠습니다. 이 모델링은 지오지브라가 아닌 다른 메타버스 플랫폼(예. 코스페이시스 에듀)에서도 모델링이 가능합니다.

행성이름	행성 반지름	공전궤도 반지름	공전일수
수성 ☿	0.38	0.38 AU	87.9일
금성 ♀	0.94	0.72 AU	224.7일
지구 ⊕	1.00	1 AU	365.25일
화성 ♂	0.53	1.52 AU	686.96일
목성 ♃	11.21	5.20 AU	4333.3일
토성 ♄	9.45	9.54 AU	10756.2일
천왕성 ♅	4.01	19.19 AU	30707일
해왕성 ♆	3.88	30.06 AU	60223일

우선 수성부터 시작하겠습니다.

① 지오지브라에 원점 (0, 0)을 표시한다. 입력창에 (0,0)을 입력하거나 **점** 도구를 이용합니다.

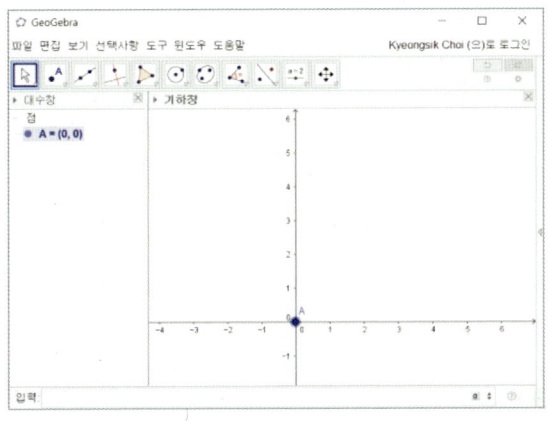

② 수성의 공전 반지름은 0.38AU(천문학적 단위)이며 (0.38, 0)에 점을 표시합니다.

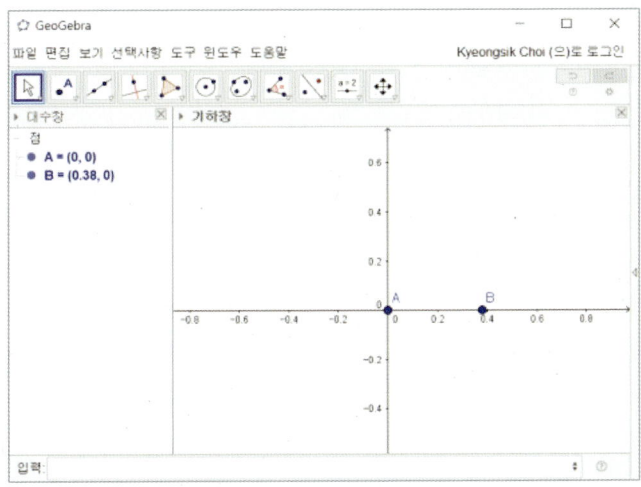

③ **슬라이더** 도구를 사용하여 시간을 나타낼 슬라이더를 만듭니다. 수의 최 댓값을 매우 크게 잡습니다.

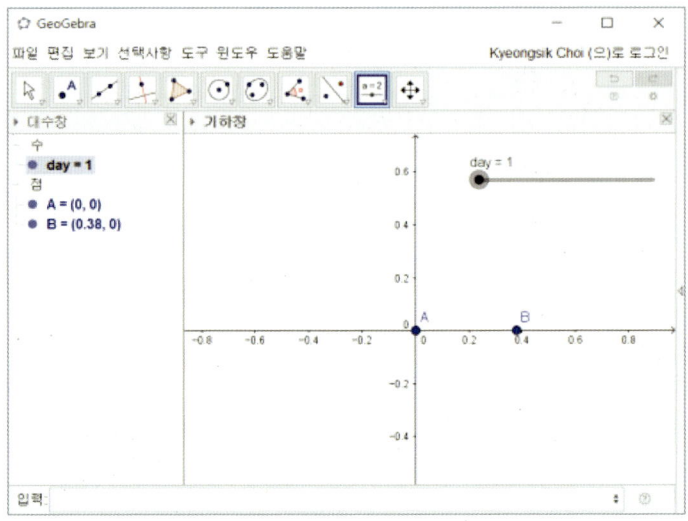

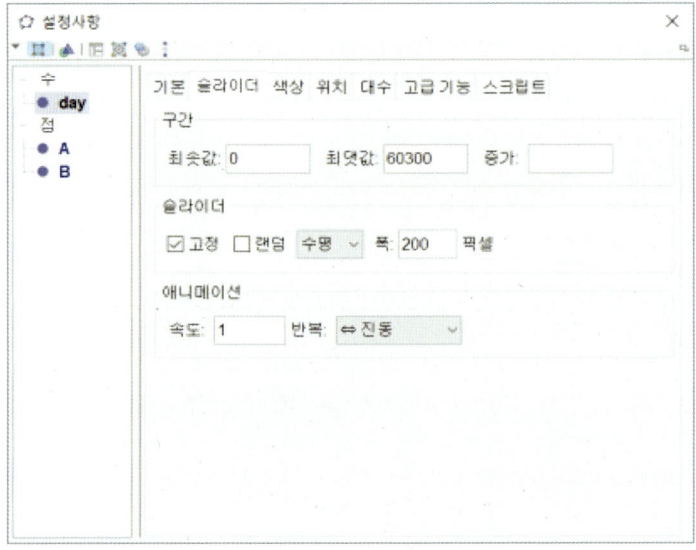

④ **점을 중심으로 회전** 도구를 이용하여 x축에 있는 수성을 나타내는 점을 각도에 따라 대칭시켜 이동합니다.

이때 슬라이더의 이름이 day인 경우,

$$\text{이동 각도} = \frac{360}{\text{수성의 공전주기}} \times \text{day} \; (\,°\,)$$

와 같이 생각할 수 있으므로, 대화상자에 다음과 같이 입력합니다.

$$\frac{360}{87.9} \times \text{day}$$

⑤ 슬라이더의 설정사항 대화상자에서 애니메이션 시작을 선택합니다.

https://ggbm.at/zqJ9F6SY

지금까지는 2차원에서 모델링을 수행하였지만, 좌표를 하나 늘려 3차원에서 수행하는 것도 가능합니다. 또한 태양-지구-달 시스템을 모델링할 수도 있으며, 이를 증강현실로 관찰할 수도 있습니다.

메타버스와 태양계 모델링

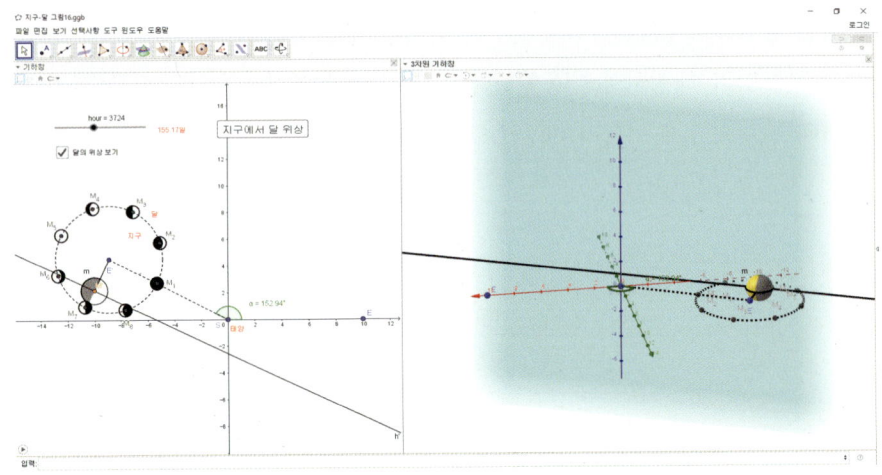

지오지브라에서 태양-지구-달 시스템을 구현한 모습

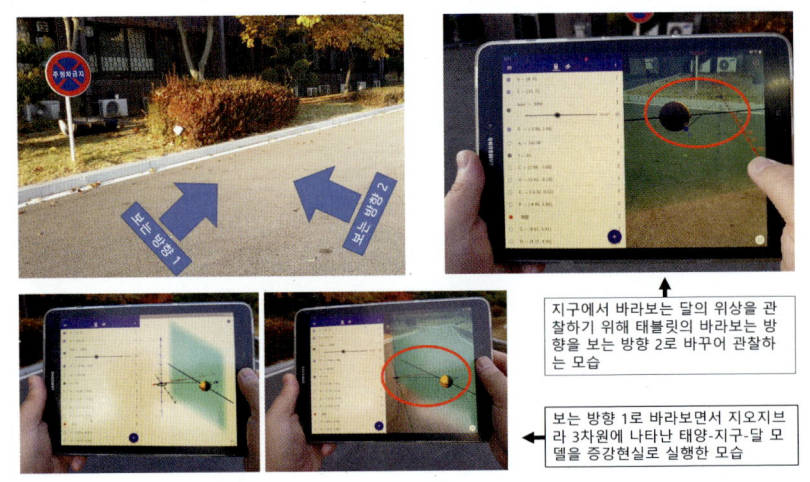

지오지브라 증강현실로 태양-지구-달 시스템을 관찰하는 모습

앞에서 만들어진 모델에서는 일부 내용이 간략하게 제시된 부분도 있지만, 학생들이 모델링을 통하여 태양계를 이해하는 데에는 큰 문제가 없습니다.

최근 과학 교육에서의 동향은 모델을 수립하고 이에 대하여 현상을 잘 설명하는지에 대하여 이해하는 방향으로 변화하고 있습니다. 이때 모델을 수립하는 부분은 수학적 모델링의 과정과 상당히 유사합니다. 따라서 모델링의 과정은 수학 교육과 과학 교육이 서로 만나는 부분이며, 메타버스에서 그 접점을 찾을 수 있습니다.

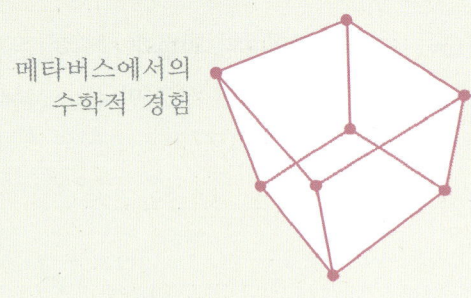

메타버스에서의
수학적 경험

12
메타버스와 블록 코딩

이제 학교 현장에서 '코딩(Coding) 교육'은 필수적인 것으로 여겨지고 있습니다. 초등학생부터 대학생에 이르기까지 코딩에 대한 지식은 상식으로 간주되고 있습니다. 만일 코딩에 대한 지식이 부족하더라도 블록 코딩과 같이 시각화된 코딩 환경을 사용하면 코딩을 쉽게 배울 수 있습니다.

학교 현장에서 '코딩'을 적극적으로 도입하는 데에는 시대적인 변화의 영향이 컸습니다. 4차 산업 혁명의 시대에 적합한 인재는 '컴퓨팅 사고(Computational Thinking)'를 할 수 있어야 하기 때문에 코딩이 학교 교육에서 강조되는 것입니다. 컴퓨팅 사고란 주어진 문제에 대하여 컴퓨터를 사용하여 적절한 답을 찾아낼 수 있는 사고 능력을 말합니다. 즉, 컴퓨터를 이용한 문제 해결 능력인 것이죠.

블록 코딩은 코딩의 요소가 레고 블록과 같이 시각화되어 있는 코딩 환경을 말합니다. 대표적인 블록 코딩 환경으로는 스크래치(Scratch, https://scratch.m

it.edu/)나 엔트리(Entry, https://playentry.org)가 있습니다. 또한 3차원 메타버스인 코스페이시스 에듀와 수학 소프트웨어인 알지오매스(Algeomath.kr)에도 블록 코딩 환경이 갖추어져 있습니다. 여기에서는 알지오매스에서 블록 코딩을 활용하여 다양한 건축물을 모델링하는 것에 대하여 이야기하고자 합니다.

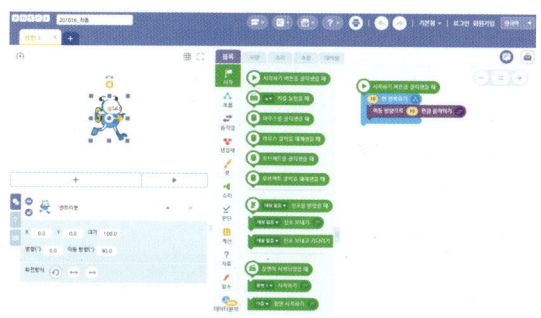

블록 코딩으로 대표적인 환경인 엔트리(Entry, https://playentry.org)

알지오매스

알지오매스(AlgeoMath, https://www.algeomath.kr)는 대수(Algebra)부터 기하(Geometry)까지의 수학(Mathematics)을 다루는 소프트웨어라는 의미로 개발된 무료로 보급하는 초, 중, 고 수학 실험탐구용 소프트웨어입니다. 알지오매스는 2차원 환경, 3차원 환경을 모두 제공하고 있으며, 블록 코딩을 동시에 갖추고 있습니다.

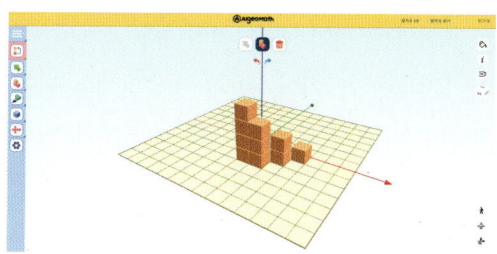

알지오매스 3D 환경에서 쌓기나무를 배열한 모습

알지오매스 활용 건축물 구현

알지오매스는 수학 학습을 위한 코딩 환경이라고 볼 수 있습니다. 그 이유는 수학에서 자주 사용되는 점, 선, 면, 다각형, 원과 같은 평면 도형과 다면체, 구와 같은 입체도형, 그리고 함수의 그래프를 코딩으로 다룰 수 있기 때문입니다. 주어진 문제를 코딩으로 수학적 대상을 이용하여 해결할 수 있다면 수학을 공부하면서 코딩 능력도 기르는 일석이조의 효과를 볼 수 있습니다.

예를 들어 이집트의 피라미드, 그리스의 파르테논 신전을 블록 코딩을 이용해서 만든다고 해 보겠습니다.

이집트의 피라미드(왼쪽)와 그리스의 파르테논 신전(오른쪽)

멀리서 보는 피라미드는 사각뿔의 모양으로 보이지만 가까이 보면 돌을 층층이 쌓은 것입니다. 따라서 블록 코딩을 이용해서 피라미드를 만들 때는 정육면체를 연속적으로 둘러서 한 층을 만들고 그 위에 다시 작게 한 층을 만드는 방식으로 피라미드를 표현하는 것이 좋을 것입니다.

알지오매스에서는 '거북이'가 기어가면서 정육면체를 만들어내는 모습을 보여줍니다. 이때 '거북이'는 코딩을 돕기 위한 길잡이가 됩니다.

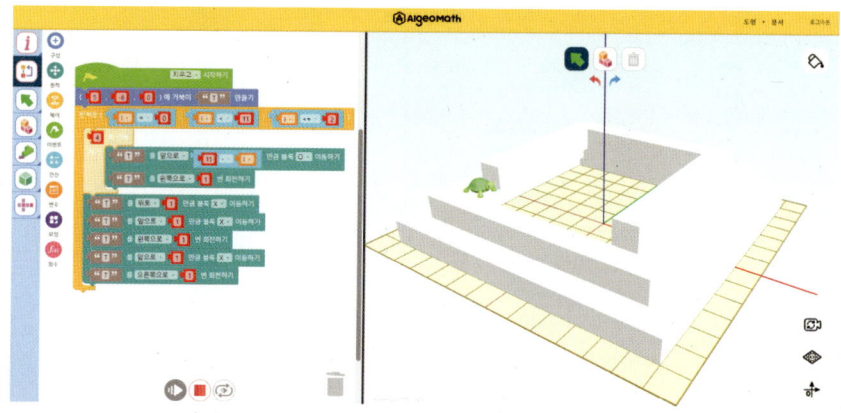

알지오매스에서 거북이를 이용해 피라미드를 쌓는 모습

완성된 피라미드의 모습(http://me2.do/GrAKpSKG)

이와 같은 과정을 통해 블록 코딩의 방법을 배울 수 있을 뿐 아니라 공간 감각, 그리고 수열, 점화식과 같은 고등학교에서나 배울 수 있는 수학적 아이디어까지도 자연스럽게 익힐 수 있습니다.

그리스의 파르테논 신전의 경우에는 현재 기둥과 지붕 일부만 남아있습니다. 그래서 먼저 '거북이'가 기어가면서 기둥을 세우고 이후에 지붕을 만드는 방식으로 만들면 좋을 것입니다.

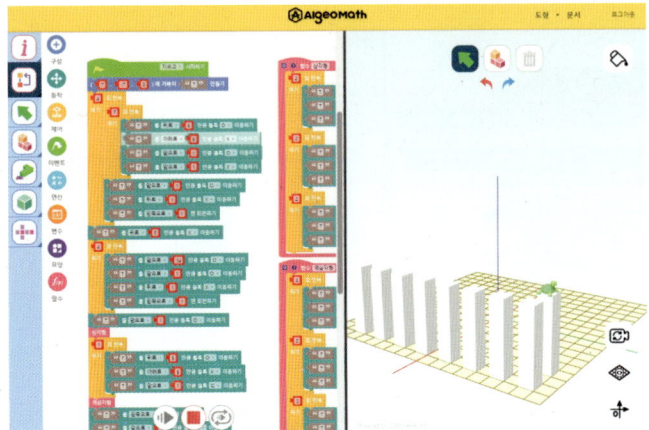

알지오매스에서 거북이가 파르테논 신전의 기둥을 만드는 모습

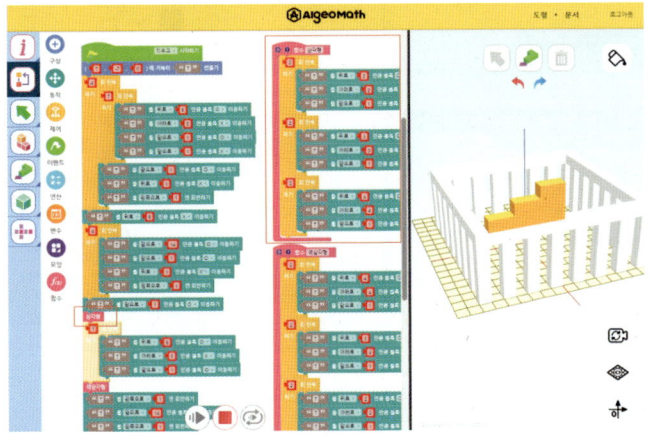

블록 코딩에서 삼각형 함수를 만들고 지붕의 일부를 만든 모습

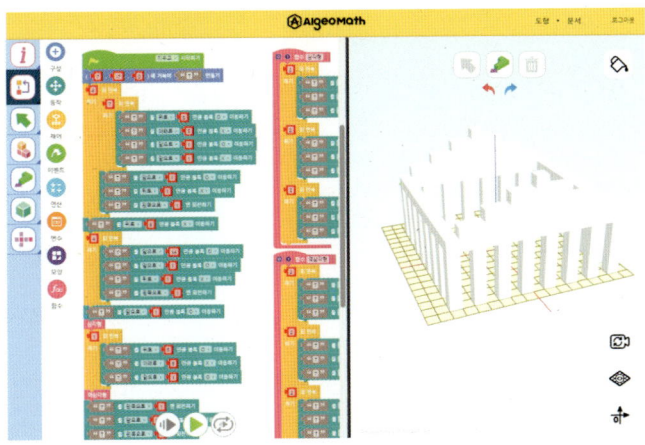

완성된 파르테논 신전의 모습(http://me2.do/GiUhCxQe)

　파르테논 신전의 지붕은 직각삼각형을 4개 붙여서 만들 수 있습니다. 따라서 이 부분에 대한 블록 명령을 묶어 삼각형이라는 함수로 만들면 블록 코딩을 훨씬 쉽게 할 수 있습니다. 수학에서 함수의 개념은 중학교에서부터 나타나는 기초적인 개념이지만 수학 전체에서 가장 중요한 개념 가운데 하나입니다. 알지오매스에서 블록 코딩을 이용해 파르테논 신전을 만들면서 함수나 역함수의 개념을 자연스럽게 익힐 수 있습니다.
　이처럼 알지오매스를 활용하여 메타버스에서의 코딩 활동을 수행할 수 있으며 이것이 바로 메타버스에서의 수학적 모델링 활동입니다.

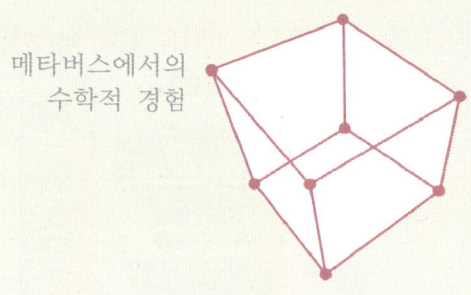

메타버스에서의
수학적 경험

13
메타버스와 디지털 교과서

 그 동안 우리나라에서는 디지털 교과서를 개발하려고 큰 노력을 기울여왔습니다. 디지털 교과서란 종이로 이루어진 서책형 교과서의 내용을 포함하면서 디지털 특유의 상호작용성이 강화된 교과서입니다. 이때 상호작용성은 디지털 교과서-학습자 사이에서 나타나는 것으로 학습자의 반응에 따라 디지털 교과서는 동적인 변화를 보여주고, 이를 토대로 학습자는 자연스럽게 특정 지식을 학습, 탐구, 발견하는 것입니다.

 우리나라 학교 현장에서는 수학 내용을 선생님이 강의식으로 지도하는 경우가 많지만 이와 같은 선생님 중심의 일방적인 지식 전달보다는 효과적인 수학 학습을 위해 학생의 참여를 유발하는 방식으로 수학 교수·학습이 이루어지는 것이 필요합니다.

 기존의 디지털 교과서에 관한 다양한 연구는 사실 메타버스 공간 설계에 그대로 반영될 수 있습니다. 수학 디지털 교과서 저작도구인 Cabri LM을 사용하여 중학교 기하 단원(원)을 선택하여 학생이 탐구 활동을 통해 지식을 구성해 나가며 정당화와 문제 해결을 익힐 수 있도록 설계된 내용은 그대로 메타버스 공간에 자료를 적절히 자료를 배열함으로써 해당 내용에 대한 가상공간으로 변화할 수 있는 것입니다. 이외에도 지오지브라, 알지오매스 등의 다양한 자료를 활용하여 만들어진 디지털 교과서가 존재합니다. 이 모든 자료는 게더타운이나 ZEP과 같은 환경에 웹 링크로 자료를 배열하고 학생들이 선택적으로 자료를 읽고 생각하고 토론하는 방향으로 학습이 진행될 수 있습니다.

Yerushalmy의 Visual Math 디지털 교과서

여기에서 Yerushalmy가 개발한 Visual Math 디지털 교과서를 살펴볼 필요가 있습니다. Visual Math 디지털 교과서는 일차함수, 이차함수 학습을 위해 이스라엘의 Haifa 대학에서 개발한 수학 디지털 교과서입니다. 이 디지털 교과서의 교육과정은 일차함수와 연관된 6개의 주제와 이차함수와 연관된 10개의 주제로 구성되어 있습니다. Yerushalmy는 Visual Math 디지털 교과서를 개발하면서 학생들에게 대수적인 조작 활동을 하도록 하고, 그래프, 표의 의미와 유용성에 대하여 이해하는 데 중점을 두었습니다.

Yerushalmy는 다양한 표양으로 이루어진 수학 자료의 배열에 대하여 강조하였습니다. 그래서 "Visual Math"는 다양한 수학적 표현을 배열하고 선생님은 박물관이나 미술관의 큐레이터와 같이 학생의 선택을 안내해야 한다고 하였습니다. 이 개념은 학습을 위한 메타버스 공간에 그대로 적용될 수 있습니다. 메타버스 공간에서 다양한 수학적 표현 자료를 제시하고 선생님은 학생이 적절히 선택할 수 있도록 큐레이터와 같이 안내할 수 있는 것입니다.

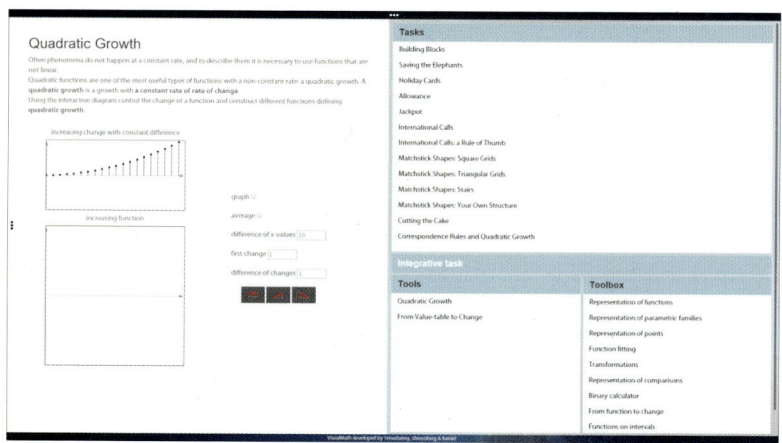

Yerushalmy의 Visual Math 디지털 교과서

폴란드의 수학 디지털 교과서(epodreczniki.pl)

폴란드에서는 초등학교부터 고등학교에 걸쳐 다양한 과목에 대하여 웹기반 디지털 교과서를 개발하였습니다. 폴란드의 epodreczniki.pl 디지털 교과서는 폴란드의 여러 수학 교사들이 참여하여 개발하였으며 웹 기반 평가 시스템을 갖추고 동적 수학 소프트웨어인 지오지브라 애플릿, 동영상 등을 삽입하였습니다.

epodreczniki.pl 디지털 교과서는 폴란드 기존의 교육과정을 그대로 유지하였으며 설명을 위해 그림이 필요한 부분에는 동영상이나 애니메이션으로 설명하거나 지오지브라 애플릿을 제공하여 학습자가 조작을 통해서 수학 개념을 이해할 수 있도록 하였습니다. 이때 사용되는 지오지브라 애플릿은 디지털 교과서의 '텍스트에 대한 설명을 보완하는 것입니다.

예를 들어 epodreczniki.pl 디지털 교과서의 고등학교 과정에서 이차함수 $y = x^2$의 대응표와 그에 따른 좌표평면의 점이 찍히는 모습을 보여주는 지오지브라 애플릿입니다.

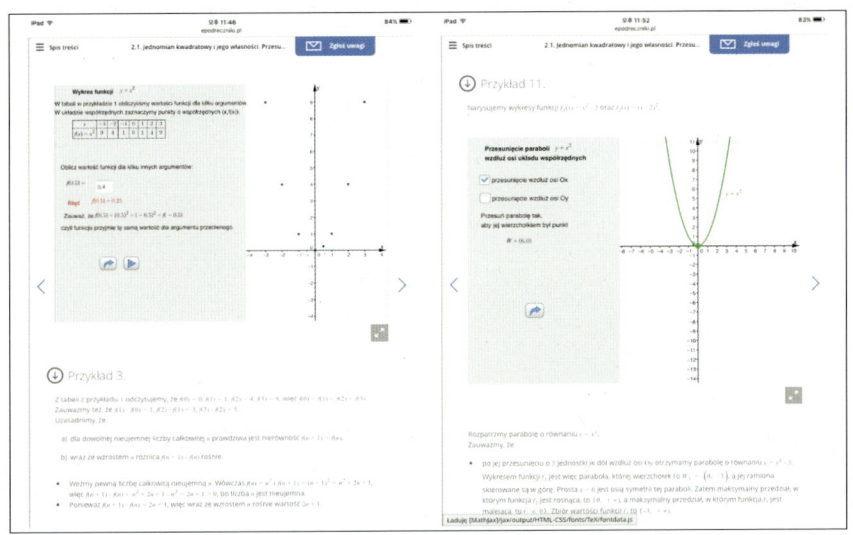

epodreczniki.pl 디지털 교과서의 이차함수 부분

epodreczniki.pl 디지털 교과서는 기존의 서책형 수학 교과서의 교육과정을 그대로 가져왔기 때문에 학교 현장에서 교사가 바로 수업에 적용할 수 있고 교사와 학습자는 디지털 교과서 사용에 쉽게 적응할 수 있습니다. 또한 정적인(static) 그림으로는 이해가 쉽지 않았던 부분에 대하여 애니메이션이나 조작이 가능한 지오지브라 애플릿을 삽입하여 학습자가 쉽게 이해할 수 있습니다. 이와 같은 자료를 주로 메타버스에 강의형의 수업을 준비할 때 유용할 것입니다.

온고이지신(溫故而知新)

디지털 교과서나, 그 이전의 다양한 수학 애플릿(Applet)은 현재 관점으로는 '옛것'입니다. 하지만 옛것이라고 배울 것이 하나도 없지는 않습니다. 특히 Yerushalmy의 관점은 메타버스의 시대에 좀 더 유용하다고 생각됩니다. 또한 폴란드의 디지털 교과서와 같이 학습을 위한 다양한 디지털 자료는 메타버스에서 자연스럽게 적용될 것이라고 생각됩니다.

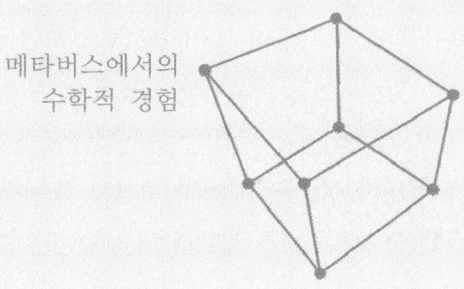

메타버스에서의
수학적 경험

맺음말

　최근 메타버스가 학교 현장에 급속도로 보급되면서 한 가지 큰 의문이 들었습니다. 메타버스에서 무엇을 해야 수학을 공부했다고 말할 수 있을 것인가? 이 질문에 답을 구하기 위해서 다양하게 고민을 해 봤습니다. 한참의 고민을 마치고 나름 결론을 내렸습니다. 메타버스를 활용하는 것만으로는 수학을 공부했다고 할 수 없다는 것이었습니다. 너무도 당연한 것이지요.
　하지만 세상은 이상하게도 점점 더 메타버스를 활용하는 방향으로 흘러가고 있습니다. 왜 그럴까요? 메타버스는 일종의 대리 만족이라고 생각합니다. 원격의 상황에서, 무엇인가 부족한 상황에서 마음에 채움을 준다는 것이죠. 그래서 저는 원격에서 줄 수 없는 수학적 경험을 주기 위해 메타버스를 활용해야 한다는 생각을 하게 되었습니다. 특히 저는 메타버스에서 무엇인가 창조하는 활동이 수학 공부에 도움을 준다고 생각합니다. 그래서 이 책에서는 가상의 공간에서 무엇인가를 만들어내기 위한 노력을 제시하였습니다.
　메타버스는 지금에서야 나타난 개념이 아닙니다. 가상공간 플랫폼은 최근에 나타났지만, 그 이전 테크놀로지를 활용한 수학 학습은 메타버스에서의 수학 학습을 향해 발전해 온 것이라고 해도 과언이 아닙니다. 언제나 그렇듯, 테크놀로지가 준비되어도 이를 활용하여 수업할 수 있는 학습 활동, 학습 자료, 교수법 등이 준비되어야 학생의 수학 학습에 도움을 줄 수 있습니다. 앞으로 학생에게 메타버스에서의 수학적 경험을 통하여 수학이 왜 유용한지, 아름다운지, 이 세상을 수학적으로 모델링 해 보고 싶은지 전해질 수 있기를 기대해 봅니다.